Kruzifix

Xaver Maria Gwaltinger ist im bayrischen Schwaben aufgewachsen und hat Germanistik, Theologie und Psychologie studiert und lange in Frankreich und Australien gelebt. Das Allgäu ist seine Heimat geblieben, vor allem wegen der Landschaft und der Sprache. Dort erholt er sich auf seiner Alm von seiner Tätigkeit in verschiedenen sozialen Feldern, indem er als Autor die Tiefen der Allgäuer Seele auslotet.

Dieses Buch ist ein Roman. Handlungen und Personen sind frei erfunden. Ähnlichkeiten mit lebenden oder toten Personen sind nicht gewollt und rein zufällig.

XAVER MARIA GWALTINGER

Kruzifix

Ein Emil-Bär-Krimi

ALLGÄU KRIMI

emons:

Bibliografische Information der Deutschen Bibliothek
Die Deutsche Bibliothek verzeichnet diese Publikation
in der Deutschen Nationalbibliografie; detaillierte bibliografische
Daten sind im Internet über http://dnb.d-nb.de abrufbar.

© Hermann-Josef Emons Verlag
Alle Rechte vorbehalten
Umschlagmotiv: © mauritius images/ib/Martin Siepmann
Umschlaggestaltung: Tobias Doetsch
Gestaltung Innenteil: César Satz & Grafik GmbH, Köln
Druck und Bindung: CPI – Clausen & Bosse, Leck
Printed in Germany 2013
ISBN 978-3-95451-150-1
Allgäu Krimi
Originalausgabe

Unser Newsletter informiert Sie
regelmäßig über Neues von emons:
Kostenlos bestellen unter
www.emons-verlag.de

»Kruzifix!«

Ein Martinshorn heulte gegen die Kirchenglocken an. Sie läuteten weiter. Auch die Kuhglocken läuteten weiter. Die Kühe kümmerten sich nicht. Durstig eilte ich im Wanderschritt den asphaltierten Weg hinab nach Tal am See. Er war einspurig mit Ausweichstellen. Er war aufgesprungen vom Frost, wie Adern auf den Wangen von alten Männern.

Ich vermied es, in Kuhfladen zu treten. Das Zeug klebt wie der Teufel, wenn es trocknet. Ich wollte zum Frühschoppen. Zur Kirche. Erst Kirche, dann Frühschoppen. Wie in der guten alten Zeit. Meiner Jugend.

Ich schritt schneller. Ich fing an zu schwitzen in meinem Trachtenjanker. Das Martinshorn. Noch immer. Die Glocken der Kirche. Um halb neun hatten sie angefangen, warum schaltete keiner die Glocken aus? Um neun würde die Messe anfangen.

Die Glocken hörten einfach nicht auf. Sie läuteten aufgeregt. Noch ein Martinshorn. Warum brauchten die hier so viel Tatütata? War doch kein Verkehr. Die Badegäste würden erst gegen zehn oder später zum See kommen. So früh ersäuft keiner.

Ich joggte. Ich wollte, verdammt noch mal, wissen, was da los war. Ich hatte in Tal noch nie ein Martinshorn gehört. Noch nie Polizei gesehen. Oder Feuerwehr. Oder Notarzt.

Auf dem kleinen Kirchenparkplatz wimmelt es von Blaulicht: Feuerwehr, Notarzt, Sanitätsauto, Polizei. Offene Autotüren. Quäkende Funkgeräte. Zwischen dem Parkplatz und dem Eingang der barocken Dorfkirche mit dem Zwiebelturm stehen Grabsteine im Weg. Nach Osten ausgerichtet.

Als wären alle Toten Frühaufsteher.

Die Sanitäter tragen eine Bahre durch den winzigen Friedhof. Die Formen unter dem Leintuch sehen nach einem Menschen aus. Das Leintuch überdeckt alles. Auch das Gesicht. Die Notärztin geht mit hängenden Schultern daneben her. Letztes Geleit. Sie ist noch viel zu jung. Blond. Hochgewachsen. Fielmann-Brille. Topmodisch, für zehn Euro. Sie könnte meine Tochter sein, vom Alter her. Wer ist der Tote? Die Tote? Leute stehen herum und reden aufgeregt, nicht viele, aber sehr aufgeregt. Sanitäter verarzten eine leichenblasse Frau an der Eingangsschwelle zur Kirche. Vielleicht die Messnerin? Oder die Organistin? Die Haushälterin? Sie schaut ins Leere. Sie zittert. Am ganzen Leib. Die Ärztin kommt zurück und macht eine Spritze fertig.

Die Polizei versperrt die Kirchentüre mit einem rot-weißen Band, wie im Fernsehen. Man könnte leicht durch das Plastikband gehen und es abreißen, tut es aber nicht. So wie die Kühe auf den Weiden. Sie könnten leicht durch das lächerliche Band traben, das meistens nicht einmal elektrisch geladen ist, tun es aber nicht. Ich Kuh. Keiner darf rein.

Ein schmächtiger Mann mit einem dünnen Gesicht, das nicht viel gesünder aussieht als das der leichenblassen Frau, die zittert, vielleicht ist es der Messner, der Organist, der Haushälter, klopft mit einem Hammer, und ich denke: Sonntagfrüh hämmert man nicht! Er nagelt ein Schild an die Kirchentür. Ich denke: Luthers Thesenanschlag. 1517. Die These von Tal lautet, mit Filzstift in Schülerhandschrift auf Pappkarton geschrieben: »Wegen Todesfall geschlossen«. 2013.

Ich kenne keinen von den Leuten. Macht nichts.

Ich zwänge mich vor, zu der blassen Frau mit der spitzen Nase. Sie zittert immer noch. Trotz der Spritze. Oder wegen der Spritze?

»Wer sind Sie?«, fragt die Notärztin unwirsch. Sie packt das Spritzgerät wieder ein in ihren Notarztkoffer.

Ich denke: Wer bin ich? Wer sollte ich sein, damit ich etwas erfahre? Ich bin einfach neugierig, schon immer gewesen. Ich will wissen, was da passiert ist. Nach meinen ersten drei unendlichen Rentnertagen brauche ich eine Dosis Adrenalin.

»Ich bin von der Notfallseelsorge.«

»Gibt's das jetzt hier auch schon?«

Ich denke: Ja, seit jetzt. Soeben erfunden. Von mir.

Sage:

»Ja. Aus Kempten.«

»Dann beruhigen Sie sie mal!«

»Mach ich. Ich kümmer mich um sie.«

»Gut«, sagt die junge Notärztin.

Sie verschwindet in Richtung Sanitätsauto.

Die Frau, vielleicht um die vierzig, zittert weiter, klappert mit den Zähnen. Ich ziehe meinen Lodenjanker aus.

»Tun S' den um Ihre Schultern, dann friert Sie's nicht so!«

Ich lege ihr meine Jacke um die Schultern.

Sie sitzt an der Eingangsschwelle zur Kirche. Gegen die dicke Holztür gelehnt.

Die Polizei verscheucht die Neugierigen.

Ich halte ihre Hände.

»Die sind ja ganz kalt«, sage ich.

Sie heult. Schluchzt.

Wenigstens hört sie auf zu zittern.

»Was ist denn passiert?«

Sie schüttelt sich in Heulkrämpfen.

»So schlimm?«

Sie nickt mit dem Kopf.

Heult.

Sie ist nicht alt, aber grau. Höchstens Mitte vierzig, schätze ich. Graue, schulterlange Haare. Graues Kostüm. Graues Gesicht.

Grau, grau, grau sind alle meine Kleider ...

Ich sage:

»Wenn S' wollen, können S' reden ... Egal was.«

Sie schüttelt den Kopf. Schluchzt. Rotz läuft ihr aus der Nase.

Ich nehme mein Taschentuch aus der Hosentasche und wische ihr den Rotz ab.

Sie heult noch mehr.

Ich bin froh, dass ich ein frisches Taschentuch eingesteckt habe. Gewohnheit von früher. Meine Mutter hat mich sonntags nur mit einem sauberen Taschentuch aus dem Haus gelassen. Und mit frischen Unterhosen. Falls was passiert. Welche Schande, wenn der Notarzt Unterhosen mit Bremsspuren sähe. Oder gar die junge Notärztin. Ja, meine Mutter hatte schon recht!

»Nein ... nein ... nein ...«

Wenigstens fängt sie an zu reden.

»Ganz kalte Hände haben Sie!«

Sie heult gleich noch mehr.

7

»Nein … nein … nein …«

»Nein …«

»Der Christus …«

»Was ist mit dem Christus?«

»Am Kruzifix ist er …«

»Am Kruzifix?«

»Am Kruzifix!«

Wieder ein Heulkrampf.

Ich denke: Kruzifix noch mal! Red halt endlich!

Ich sage: »Lassen Sie sich Zeit! Pressiert nicht … Am Kruzifix …?«

»… ist er … ist er …«

»Am Kruzifix ist er …«

»G'hängt!«

»Am Kruzifix ist er g'hängt?!«

Sie nickt und heult und nickt. Sagt:

»Am Kruzifix. Drüber.«

»Überm Kruzifix?«

»Vorm Kruzifix!«

Die Eiseskälte ist aus ihren Händen gewichen. Ihr Gesicht ist etwas weniger kalkweiß. Gedeckt weiß. Grau.

Grau, grau, grau ist alles, was ich hab …

Ich: »Hmm, hmm, hmmm.«

Die Standardintervention des Psychoanalytikers. Wirkt immer.

»Ich bin schon vor sieben in der Früh da gewesen. Noch proben. An der Orgel. Ich mach die Kirchentür auf, lang ins Weihwasser, Kniefall … schau auf … und seh …«

»Das Kruzifix. Den Christus …?«

»Ich denk, ich seh doppelt. Ich denk, ich träum. Ich denk, das gibt's doch nicht, ich denk, du spinnst …!«

»Aber dann haben Sie was gesehen … was Furchtbares …«

»Ja … Er hängt mit dem Christus am Kreuz …«

»Wer?«

»Der Theo!«

Und wieder wird sie geschüttelt. Von einem Weinkrampf. Heftig. Wie von einem inneren Erdbeben.

Darum lieb ich alles, was so grau ist …

»Der Theo?!«

Ich putze ihr noch mal die Nase.

»Ja, der Theo … in seinem Messgewand … und blau im Gesicht, und die Zunge …«

»Die Zunge hing raus?«

Sie nickt.

»Hat er sich erhängt?«

»Weiß nicht … er ist da gehangen … aufgehängt … warum … aufgehängt … ich weiß es nicht …«

»Und der Theo … im Messgewand … meinen S' den Pfarrer!«

Sie schreit mich an:

»Ja wen denn sonst, du Depp! Wer bist du denn eigentlich? Was fragst denn so saudumm?«

Es geht ihr wieder besser.

»Ich bin der Notfallseelsorger.«

»Ich brauch kein Seelsorger … hau ab … ich will kein Seelsorger … ich will den Theo wieder … ich will den Theo zurück … zurück … zurück …«

Ich nehme sie in den Arm.

»Hast'n g'mocht, den Theo?«

Schreit wie am Spieß, ihr Gesicht wird eine hässliche Fratze. Dann wird sie ohnmächtig.

Weil mein Schatz ein Priester, Priester ist.

Ich rufe nach den Sanitätern. Sie haben den Schrei gehört, sind mit einer Bahre da. Sie transportieren sie ab. Sie ist wieder käsweis. Graukäsweis.

Die Ärztin schaut vorbei.

Schnippisch sagt sie:

»So, so … die Seelsorge. So schaut also eure Seelsorge aus.«

Dreht sich um und lässt mich stehen. Ich ziehe meine Jacke wieder an. Sie war der Organistin von den Schultern gerutscht. Mein Taschentuch ist weg.

Der Pfarrer war's also. Erhängt. Im Messgewand. Am Kruzifix.

Näher, mein Gott zu dir geht's nicht.

Sau sticht

Um zehn hatte sich der Auflauf wieder verlaufen. Die Leiche war weg, die Polizei, die Sanitäter, die Notärztin, die Feuerwehr schon lange. Nur die Notfallseelsorge war noch da.

Ich.

Ob der Frühschoppen wohl stattfindet?

Ich schaute beim Wirt vorbei. »Zum Schwarzen Adler«. Durchs Fenster sah ich die Neonröhre über der Ausschank brennen. Rechts und links vom Eingang standen schwarze Tafeln. Mit Kreide war darauf geschrieben, was es gab.

Makrelen vom See.

Hausgemachter Käse.

Schnitzel mit Pommes und Salat und Dessert für fünf Euro fünfzig.

Boote zum Verleihen.

Zum See waren es fünfhundert Meter, abfallend zwar, aber trotzdem fragte ich mich, wie man ein Boot ohne Wasser fünfhundert Meter weit befördern kann. Wahrscheinlich mietete auch kein Mensch einen Kahn. Aber das Schild vermittelte das Gefühl von Ferien: »Bootsverleih«.

Ich trat in die Wirtsstube.

Einrichtung der fünfziger Jahre. Resopal-Tischplatten. Eine Kuchenvitrine aus Glas ohne Kuchen. Ein gerahmtes Bild. Von einem Rottweiler. Verfolgen einen die Köter sogar ins Wirtshaus! Reicht schon beim Joggen. Im hinteren Eck, wo früher wohl der Herrgottswinkel war, hing ein Fernseher an der Wand. Tot. Er lief jedenfalls nicht. Noch nicht.

Am Ecktisch saßen Männer. Bauern. Alt. Jedenfalls nicht mehr jung. Einer mischte die Karten. Die Wirtin stellte die gefüllten Halbekrüge und bauchigen Weizengläser vor die Kartler.

»Heut seid ihr aber früh dran!«, sagte sie.

»Wenn die Kirch ausfällt …«

»Ja, ich hab's gesehen. Feuerwehr, Sanitäter, Polizei. Hat's gebrannt? Oder ist jemand umgefallen?«

»Kann man so sagen …« Der Sprecher lachte, als hätte er einen Witz gemacht.

Die anderen grinsten verlegen.

»Der Pfarrer …«

»Was ist mit dem Pfarrer?«

»Der Datschi …«

»Der Theo? Umgefallen?«

Die Wirtin erstarrte in ihrer Bewegung.

Ich setzte mich an den übernächsten Tisch. Abseits. Allein.

»Umgefallen und liegen geblieben«, sagte der, der die Karten mischte.

»Hi.«

»Wia hi?«

Die Wirtin trug nicht das stereotyp gefüllte Barock-Dirndl wie auf den Postkarten, sie war eher von gotischer Bauart. In Jeans. Richtig blass war sie geworden unter ihrer roten Mähne.

»Halt hi.«

»Tot«, erklärte ein anderer, als verstünde die Wirtin das schwäbische »hi« nicht, wie »hin«, kaputt, da-*hin*-gegangen.

»Er war zugedeckt. Auf der Bahre, Tuch überm Gesicht. So haben sie ihn weggebracht.«

»Wohin?«, fragte die Wirtin.

Man sah, sie glaubte nicht, was sie hörte.

»Nach Kempten halt. Ins Krankenhaus.«

»Oder gleich auf den Friedhof.«

»Nein, der muss zuerst ins Krankenhaus. Da schneiden sie ihn auf, und dann kommt er in so ein Schubfach und kriegt einen Zettel an den großen Zeh. Dass er nicht verwechselt wird. Das weiß ich. Vom ›Tatort‹. Da geht das auch immer so.«

Die Wirtin ließ nicht locker:

»Und warum ist er hi?«

»Man weiß es nicht. Keiner weiß was. Und die Polizei sagt nix, und der Messner ist dann auch noch zusammengebrochen, wie's vorbei war.«

»Der Adolf?«

»Ja, der Adolf. Aber der hält sowieso nix mehr aus, der ist bloß noch Haut und Knochen.«

»Mit seiner Prostata«, warf ein anderer ein.

»Ich hab zuerst denkt, den hat's erwischt. So, wie der ausschaut, macht er's nimmer lang.«

»Krebs …«

»Prostatakrebs.«

»Maria, bring mir an Bierwärmer!«

»Mir auch!«

»Mir kannst auch einen bringen.«

»Ja, gleich. Und der Theo, warum …?«

»Man weiß es nicht. Die Putzfrau sagt, es muss ein Herzschlag gewesen sein. Die anderen sagen, er war überarbeitet … hat so einen Brunz-aut gehabt, so was aus Amerika.«

»Brunz-aut? Mit dem Brunzen was … also auch Prostata …?«

Die Gebildeten unter ihren Verächtern lachten.

»Einen Börn-aut meint er«, sagte einer, der das Gymnasium in Kempten besucht haben musste. »Sich kaputt geschafft.«

»Blut hat man jedenfalls nicht gesehen, durchs Leintuch. Wahrscheinlich Herzschlag oder Hirnschlag.«

»Einen Schlag hat er schon immer gehabt, der Datschi.«

Damit war das Thema erst einmal erledigt. Die Wirtin ging Bierwärmer holen. Ich versuchte, ihren Blick zu erheischen. Ich hatte Durst. Der Kartenmischer hatte zu Ende gemischt und teilte aus. Um die vier Schafkopfspieler saßen die Kiebitze. Zuschauer.

Sie spielten jeden Sonntag nach der Messe. Heute spielten sie anstatt der Messe. Ein paarmal war ich schon dabei gewesen. Als entfernter Zuschauer. Fremder. Tourist. Wiederholungstourist. In den Ferien. Auf Urlaub. An den Wochenenden. Sie wussten nicht, dass ich jetzt keine Ferien mehr hatte. Kein Wochenende mehr. Nie mehr Urlaub. Immer Ruhestand. Ruhe vor dem Krankenhaus, vor den letzten Ölungen, vor der Krankenhaus-seelsorge, vor dem Bereitschaftsdienst rund um die Uhr. Keine Psychoanalysen mehr. Nie mehr hinter der Couch sitzen. Nur noch nicht-psychoanalytische, nicht-seelsorgerliche Ruhe. Ewige Ruhe. Seit vorgestern. Keiner wusste es. Ich wollte es auch nicht wissen. »Ruhestand und Prostata« – die Melodie von »Wochenend und Sonnenschein« kam mir in den Sinn. Blöd. Auf die Melodie

von »Wochenend und Sonnenschein« »Ruhestand und Prostata«
singen. Ich brauchte dringend ein Bier.

»Herz ist Trumpf!«

Peng.

Wumm.

Peng.

»G'hört schon mir.«

Dresch.

Knall.

Dann gaaanz sachte auf den Tisch geschoben, schrie einer:
»Schelln-Sau!«

»Nix da. Die Alte-Sau hat's!«

Die Karten wurden neu gemischt, die Spieler tranken von
dem angewärmten Prostatabier.

»Die Schelln-Sau, die schwule ... den Datschi hat's derwischt!«

»Geh zu ... jetzt, wo er hin ist ...«

»A schwule Sau war er trotzdem.«

»Woher willst denn du das wissen?«

»Weil er nicht verheiratet war.«

»Die katholischen Priester sind alle nicht verheiratet. Keiner.«

»Drum sind's ja alle a schwule Sau!«

Lachen. Das Lachen des zweiten Bieres. Die Karten wurden
wieder ausgeteilt.

»War er wirklich schwul?«, fragte einer.

»Manche sagen es ... Manche sagen, er ist vor drei Jahr hierher
strafversetzt worden, weil er schwul war.«

»Glaub ich nicht. Dem sind doch die Weiber nachgelaufen ...
alle!«

»Die Weiber laufen doch alle den Schwulen nach. Die Weiber
stehen auf die Schwulen. Die sind so ›einfühlsam‹.«

Er sprach »einfühlsam« aus, als hätte er eine heiße Kartoffel
im Mund.

»Ja, am Arsch!«

Gelächter.

Maria, die rote Wirtin, erschien wie eine Furie. Sie sprach ein
Machtwort:

»Also jetzt, gell, jetzt langt's. Das ist ein öffentliches Lokal, und heut ist Sonntag und der Theo ist tot … da sagt man nicht solche Sachen …«

Ihre Stimme wurde dünn und weinerlich. Sie drehte sich rechtzeitig um und verschwand in der Küche.

Als sie wiederkam, hatte sie rote Augen. Endlich entdeckte sie mich.

»A Bier bittschön. Ich bin schon am Verdursten.«

Sie drehte sich wortlos zur Theke, nahm eine Flasche aus dem Kühlschrank und schenkte ein.

»Kein Bier vom Fass heut?«, fragte ich sie, als sie mir das Glas mit dem schwindsüchtigen Schaum hinstellte.

»Lohnt sich nimmer. Unter der Woche kommt kaum einer, und am Ende ist das Fass schal. Und wenn es Samstag, Sonntag regnet, kommt auch keiner. Es wird alles immer schlimmer.«

»Ja, da haben S' recht. Es wird alles immer schlimmer. Sogar die Kirch am Sonntag fällt aus. Priester sterben vor der Messe. Früher hat's so was nicht gegeben …«

»Ach, der Theo …«

Ihre Augen wurden wieder feucht.

»War wohl sehr beliebt, der Theo …«

Sie nickte.

»Sehr …«

»Darum sagen die Männer wohl auch Datschi. Wie heißt er denn wirklich?«

Sie senkte die Stimme.

»Die Arschlöcher … die ham keine Ahnung. Sie sagen Datschi und finden es lustig. Amadagio hat er geheißen. Theodor Amadagio. Aber die alten Wichser hier können das nicht aussprechen. *Amadagio.*«

Sie ließ sich den »Amadagio« auf der Zunge zergehen. Ich musste unanständige Phantasien verscheuchen. Fragte:

»Und, war er schwul?«

Sie schaute mich erstaunt an:

»Der … schwul?! Ha! Wenn der schwul war, bin ich …«

Ich erfuhr nicht mehr, was sie dann wäre, sie drehte sich um und schepperte an der Theke gegen das Schafkopfgeklopfe der alten Wichser an.

Das Bier war schal geworden. Ich hatte keinen Durst auf ein zweites.

»Zahlen«, sagte ich in Richtung Theke.

Ich geh rauf, dachte ich, trink ein richtiges Bier. Augustiner Edelstoff. Bestes Bier von Welt. Kellerkühl.

Auf einmal öffnete sich die Tür.

Ein Mann mit Pferdeschwanz trat ein. Mittelalter. Mitte vierzig. Augen wie glühende Kohlen. Tiefgelegt. Dürr, aber athletisch. Muskulös. Kein Gramm Fett. Trachtenweste, Lederhose, Sandalen. Passt doch nicht!, dachte ich. Ein Asket als Allgäuer verkleidet oder ein Allgäuer als Asket verkleidet.

Er stellte sich zu den Kartlern.

»Grüßt's euch.«

»Der Toni!«

Die Begrüßung war schal wie das Bier.

Einer sagte zwischen zwei hingeworfene Karten:

»Der Toni tragt den Schwanz hinten statt vorn.«

Und lachte.

Die anderen lachten mit.

Toni packte ein Weizenglas, zerschlug es an der Tischkante, der Weißbierschaum spritzte über die Karten. Der Toni richtete das zersplitterte Glas wie ein Messer gegen den Typen, der die Bemerkung mit dem Schwanz hinten gemacht hatte.

»Was hast g'sagt?!«

Stille.

Starre.

Leichenstarre.

Ich spürte mein Herz im Hals schlagen.

»Was hast g'sagt?«, wiederholte der Toni.

Schräge Stimme, irr leuchtender Blick. Zersplittertes Weizenglas in der Hand. Die Hand zitterte.

»Sag's noch mal!«

Sabbat

Ich schritt in der Frühsommersonne langsam den Berg hinauf, auf der schmalen Asphaltstraße mit den vielen Frostrissen, aus denen das Gras wuchs. Glattgefahrene Kuhfladen. Zerquetschte Kröten. Natur pur.

Die Kirchenglocke schlug elf Mal.

Ein Kuckuck kuckuckte.

Einmal. Zweimal. Dreimal. Noch mal.

Oft.

Beruhigend oft.

Ich hörte in meinem Kopf noch das irre Lachen vom Toni.

In der allgemeinen Erstarrung hatte er plötzlich angefangen, laut zu lachen.

»Man wird doch noch einen Spaß machen dürfen!«, hatte er gesagt. »Spielt's ruhig weiter.«

Er hatte sich dann an einen Tisch in die andere Ecke der Wirtschaft gesetzt und in sein Bier mit dem doppelten Schnaps hineingebrütet.

Das Schafkopfen hatte keine Fahrt mehr aufgenommen.

Sie redeten noch dies und jenes.

Dass die Feuerwehr als Erstes da war.

Dass die Polizei als Letztes kam. Die A 7 von Kempten Richtung Reutte war dicht gewesen. Stau wegen Lastwagenunfall.

Einer nach dem anderen hatte gezahlt und war gegangen.

Ich auch.

Ich atmete tief ein, ich schnaufte wieder. Seit Stunden das erste Mal.

Was war das für ein Mensch gewesen, dieser Theodor Amadagio? Die graue Ohnmächtige, die mein Taschentuch mit sich genommen hatte, die Organistin, hatte eigenartig von ihm geredet. Die Wirtin wusste mit seltsamer Gewissheit, dass er nicht schwul war, die Frauen nannten ihn Theo, für die Mannsbilder war er nur der Datschi, der schwule Datschi, auf den die Weiber standen. Sie wussten weniger als ich. Ich wusste, dass er durch

Erhängen gestorben war. Sie dachten, es wäre ein Herzstillstand gewesen. Oder ein Schlaganfall.

Die Kühe trotteten auf mich zu. Machen sie immer. Oder schauen mich einfach an. Kälber mit großen schönen Augen und langen Wimpern. Die letzten Wesen, die mir noch nachschauen. Im Ohr hatten sie gelbe Plaketten stecken. Mit einem schwarzen Buchstaben und einer fünfstelligen Zahl drauf. Warum Zahlen? Warum nicht fünf Buchstaben? Zum Beispiel »ERIKA«. Wahrscheinlich waren Zahlen einfacher. Und es gab mehr Zahlen als Erikas, Zenzis, Liesls, Fannys und Vronis. Mit fünf Ziffern konnte man 99.999 Rindviecher erfassen. Ziemlich wenig. Oder gab es nicht mehr als – aufgerundet – hunderttausend Kühe im Allgäu? Aber dazu hatten sie ja den Buchstaben vorne. Das Alphabet, rechnete ich, hat fünfundzwanzig Buchstaben, und wenn man alle fünfundzwanzig Buchstaben nutzte, kam man auf fünfundzwanzig mal hunderttausend Rinderohrennummernschilder, fünfundzwanzig mal hunderttausend Kühe. Wie viele sind das? Ich hatte keine Lust, mich anzustrengen. Ich konnte das ohne Zettel und Bleistift nicht ausrechnen. Mit Zettel und Bleistift auch nicht. Dann halt mit meinem Laptop. Es langte auf jeden Fall für alle Kühe im Allgäu. In ganz Bayern. Vielleicht in der ganzen EU. Auch wurscht.

Tatsache ist, erfuhr ich kurz darauf aus der Allgäuer Rundschau, dass es in Bayern 3,29 Millionen Rindviecher gibt. Vierbeinige. Das Ohrennummernschildersystem reicht nur für 2,5 Millionen. Wie haben die das Problem gelöst?

Das größte Rindvieh war jedenfalls dieser Toni. Er hatte eine seltsame Art von Humor. Schwer, darüber zu lachen. Leicht, sich zu fürchten. Warum hatte ihn die Bemerkung mit dem Schwanz hinten so aufgeregt? Und was ging in seiner Birne vor, als er über dem Bier mit dem doppelten Schnaps brütete?

Und wieso war sich die Wirtin so sicher, dass der Theo Amadagio nicht schwul war? »Wenn der schwul war, bin ich …« Ich hätte sie fragen sollen: Was sind Sie dann? Oder: Was sind Sie denn? Auch schwul? Ich musste noch mal in die Wirtschaft zurück. Wenn keiner da ist. Nachmittags ist meistens keiner da. Wusste ich von früher.

Aber was ging mich die ganze Geschichte an?

Der Frühschoppen war auf jeden Fall versaut. Ich schwitzte wie eine Sau und zog mir die Jacke aus. Die Jacke, die ich der grauen Organistin umgelegt hatte. Das Taschentuch fehlte. Hätte ich jetzt brauchen können. Bergauf. In der Sonne. Der Schweiß brannte mir in den Augen.

Was machte ich bloß mit dem Rest vom Sonntag? Mein erster Sonntag im Ruhestand.

Arbeiten wollte ich nicht. Arbeiten durfte ich nicht. Wegen des Sabbatgebots. Es stammte noch aus meiner aktiven Zeit, die gerade drei Tage hinter mir lag. Am Sonntag wird nicht gearbeitet. Nichts. Aber was mach ich dann?

Wandern? Langweilig.

Mountainbike fahren? Zu anstrengend.

Joggen? Mit Bier im Bauch hatte ich keine Lust, das gluckert so komisch.

Lesen? Gut, aber den ganzen Nachmittag?

Pornos anschauen? Ich kannte sie schon alle. Musik-CDs kann ich immer die gleichen hören, stundenlang, weil ich mir keine Melodie merken kann (außer »Wochenend und Sonnenschein«). Aber Pornos kann ich mir merken, auch wenn ich nicht will. Pornos sind langweilig. Es gibt einfach zu wenige Geschlechtsteile. Es gibt mehr Noten als Geschlechtsteile. Besonders seit der Zwölf-Ton-Musik. Deshalb sind CDs weniger langweilig als Pornos.

Saufen? Vorm Haus hocken und mich volllaufen lassen? Nicht schon am Mittag. Dann bin ich bis abends blau, und morgen früh kann ich mich wegschmeißen. Ich muss morgen früh laufen. Und nach Kempten fahren. Zur Redaktion von der Allgäuer Rundschau. Meine neue Karriere auf den Weg bringen.

Mountainbiker überholten mich, Autos bretterten an mir vorbei. Die Einheimischen brettern, man sieht es an den platt auf den Asphalt gebügelten Kröten, die Fremden schleichen bergauf und bremsen bergab. Von der Ferne sah ich in der gleißenden Sonne frisch polierte Autos glänzen. Sie parkten neben der Alm vor der kleinen Marienkapelle. Benannt nach der roten Maria vom »Schwarzen Adler«. Unsinn! Manche Leute machen sonntags eine Kapellen-Tour. Gibt ja genügend in der Gegend. Kapellen. Und Leute, die lieber Kapellen anschauen als Pornos.

Nein, heute keine Kirche mehr, und wenn sie noch so klein ist. Am Ende hängt der Nächste drin.

Der Toyota der Nachbarin überholte mich. Sie saß am Steuer, hupte, winkte. Sie wohnte im nächsten Anwesen, fünfhundert Meter weiter. Wir grüßten uns immer sehr begeistert, redeten fast nie miteinander. Ich wusste, dass sie ein Piercing am Bauchnabel trägt. Wenn sie die Kühe auf die Weide trieb oder von der Weide heimtrieb, hatte sie immer ein knappes Top an. Deshalb wusste ich, dass sie ein Piercing am Bauch hatte. Die Bauersfrau. Eine Bauersfrau mit Piercing am Bauchnabel. Mein Gott. Werde ich alt! Außerdem wusste ich, dass sie Trompete spielte bei einer Kapelle. Und dass sie gelernte Friseuse war.

Da kam mir die Idee!

Friseuse

Ich war gerade so angesoffen, dass ich den Kopf noch aufrecht halten konnte. Gegen neun am Abend kam sie an mit ihrem Friseusenköfferchen. Der Bauch war bedeckt. Ausgemacht gewesen war sechs Uhr. Aber was sind schon drei Stunden im Angesicht der Ewigkeit? Sie sagte:

»Tut mir leid, ich hab noch blasen müssen.«

»Trompete?«, fragte ich.

»Ja, Trompete. Was sonst?«

»Ach nix.« Dem Reinen ist alles rein.

Ich stellte einen Stuhl in die Mitte meines Dachzimmers.

»Tu eine Decke drunter. Die Haare …«

»Ach ja, okay. Was für eine Decke?« *Komm unter meine Decke …*

»Irgendeine, für die Haare zum Drauffallen.«

Ich nahm die nächste Wolldecke, die ich fand. *Komm und mach es dir bequem …*

Ich setzte mich auf den Stuhl. Bauernstuhl. Mit Herz in der Rückenlehne.

»Hast ein Handtuch? Um den Hals. Sonst wird dein weißes Hemd voller Haar.«

Ich hab kein Handtuch. Kein frisches, dachte ich, nur alte, vermiefte.

Ich sagte:

»Das Hemd kommt sowieso in die Wäsche. Ist wurscht.«

Ich lutschte ein Pfefferminz. Ich wollte nicht, dass sie meine Fahne riecht.

»Sommerschnitt?«, fragte sie.

Summer Wine, dachte ich. Von Ville Valo. Alter Schlager. Von 2007. Handelt von der Verführung.

Ich sagte:

»Was ist Sommerschnitt?«

»Kurz.«

»Nein, lang.«

»Ich kann's dir nur kürzer schneiden, nicht länger.«

»Halt nicht ganz kurz. Keine Glatze. Bin doch kein Skinhead.«

»Ist aber in Mode.«

»Ich bin außerhalb der Mode. Aus der Mode rausgewachsen. Zeitlos schön.«

Sie lachte nicht. Dann eben nicht. Blöde Kuh. Ich werde ihr Bauchpiercing auch ignorieren. Nahm ich mir vor.

»Also?«

»Schneid halt a bissle weg, net zu viel. Net dass jeder sieht, dass ich beim Friseur war.«

»Friseurin.«

»Ja, Friseuse, ist doch wurscht. Ich mein, ich will halt normal aussehen, nicht wie frisch gerupft.«

Sie belehrte mich, dass eine gelernte Friseurin eine Ausbildung hat, während eine Friseuse so was ist wie eine Fritteuse, oder einfach eine Schlampe. Dann sagte sie:

»Also, dann nicht zu kurz.«

»Lang.«

»Ich mach's schon recht, wirst sehen.«

Als sie mir vor einem Jahr einen Sommerschnitt verpasst hatte, brauchte ich bis in den Spätherbst hinein, bis ich im Spiegel mein gewohntes Selbst wiedererkannte.

Sie fing an zu schnippeln.

Ich sagte nichts. Wenn man was erfahren will, muss man schweigen.

Sie sagte:

»Hast gehört, was passiert ist?«

Ich schwieg.

»Heut früh, in der Kirch …!«

Ich schwieg weiter.

»Der Pfarrer ist tot abtransportiert worden.«

»Ja, ich hab's g'hört. Und was meinst denn du dazu? Du hast ihn ja gekannt. Vom Blasen.«

»Der Theo, natürlich hab ich den gekannt. Ach, der Theo … Ich versteh das gar nicht. Einfach umfallen … und nicht mehr aufstehen.«

»Wieso ist er umgefallen?«

»Das sagen die Leut. Das Herz.«

»War er denn herzkrank?«

»Keine Ahnung. Eigentlich nicht. Man hat ihn ab und zu joggen sehen am See. Und mit den Buben hat er immer Fußball gespielt. Die waren ganz begeistert von ihm. Und auch die Mädchen. Er hat eine Mädchen-Fußballmannschaft aufgemacht, und alle Mädchen im Dorf wollten dabei sein … Manche haben dann schon wieder gemunkelt, ob er wohl einer von denen ist … denen … Pädodingsda …«

»Pädophilen.«

»Ja, eben die Kinderficker.«

»Und?«

»Schmarren. Das sagen jetzt alle. Wenn ein katholischer Pfarrer näher als drei Meter an einem Kind ist, ist er schon so ein … ein … so ein Pädo … Die Idioten.«

»Beim Stammtisch haben's gesagt, er ist schwul gewesen.«

»Ha, dass ich nicht lach … Der und schwul …«

»Ist er den Weibern nach?«

»Nein, die Weiber sind ihm nach. Drum sagen die Mannsbilder ja, er war schwul. Der war net schwul. Der hat nur Manieren gehabt. Der hat gewusst, wie man sich bei einem Weib benimmt.«

»Ah …? Wie benimmt man sich bei einem Weib?«

»Na eben wie ein Schwuler. Man redet. Mit dem Theo hat man reden können. Nicht nur über Landmaschinen und Stall umbauen. Übers Leben. Freundschaft. Sehnsucht. Schönheit. Über seelische Sachen eben. Wenn man mit dem Theo geredet hat, dann ist man sich vorgekommen wie eine Frau. Wenn man mit unseren Dorfdeppen redet, kommt man sich vor wie eine Kuh vorm Besamen.«

»Jetzt geh!«

»Er hat auch nicht gesoffen, wie die anderen. Ab und zu hat er ein Glas Wein getrunken. *Vino rosso*, hat er gesagt, und genippt. Und gekocht hat er.«

»Gekocht?«

»Ja, er hat keine Haushälterin gehabt. Er hat auch keine gebraucht. Ab und zu hat er am Samstagabend gekocht, und ein paar von den Frauen aus der Gemeinde eingeladen. Die Männer waren beim Bier und haben sich besoffen. Er hat ›Candle-Light-Dinner‹ gemacht. Ganz sauber. Waren immer ein paar Frauen dabei, die vom Chor, und die von der Jugendarbeit.«

»Du auch?«

»Nein, ich nicht. Ich hab's nicht so mit der Kirch. Aber die anderen haben es mir erzählt. Der hat besser gekocht als die Weiber miteinander. Lauter ausgefallene Sachen. Advokaten. Kock o Wein. Böff Stroganoff. Und natürlich Italienisch.«

»Pizza?«

»Nein. Nix so Ordinäres. Tagliatelli. Terra cotta. Tiramisu. Spaghetti cozze.«

»Pfui Teufel!«

»Typisch Mann! Aber deshalb haben die Männer ja gedacht, er ist schwul. Wer bei uns als Mann kocht, ist schwul. Wer sich mit Kindern abgibt, ist schwul. Wer einer Frau sagt, wie schön sie ist, ist oberschwul.«

»Klingt ja wie ein Heiliger. Sehr charmanter Heiliger. Drei-Michelin-Sterne-Heiliger.«

Ich wurde eifersüchtig auf diesen Theo.

Dachte: Der schwule Candle-Light-Wichser.

Sagte: »Interessanter Mann.«

»Und wer bei uns was anders frisst als Kässpätzle, der ist auch schwul.«

»Vielleicht hat ihm des ausländische Essen nicht gutgetan. Dass er deshalb umgekippt ist.«

»Schmarren!«

»Aber hat er mit keiner von den Candle-Light-Frauen was … Ich mein, rausschwitzen hat er sich's ja auch nicht können.«

»Woher soll ich das wissen?«

Ihre Stimme war scharf geworden.

»Hätt ja sein können.«

»Er hat schon seine Lieblingsdamen gehabt.«

»Aha. Welche denn?«

»Keine Ahnung.«

Die Art, wie sie mir die Haare schnitt, war anders geworden. Schneidend.

Sie rückte mir den Kopf zurecht, als wollte sie mir das Genick brechen. Ich war mit meiner Fragerei auf etwas gestoßen, was ich nicht wissen durfte. Das Geheimnis der Frauen?

Ich wechselte das Thema. Selbsterhaltungstrieb.

»Du, sag mal, der Toni, kennst du den?«

»Welchen Toni?«

Ich erzählte ihr von meinem Frühschoppen, der durch den irren Toni so abrupt geendet hatte.

»Ach, der Toni. Der Metzgertoni. Typisch.«

»Wieso Metzgertoni?«

»Der war früher Metzger. Aber der hat seine ganze Metzgerei versoffen. Dann hat er sich in die Finger geschnitten. Berufsunfähig. Man sagt auch, er hat sich noch was anderes weggeschnitten. Aber das kann nicht sein. Er hat zwei Kinder. Und das dritte ist unterwegs. Die arme Toni!«

»*Der* arme Toni!«

»Nein, *die* arme Toni. Seine Frau heißt auch Toni. Er heißt eigentlich Anton.«

Der Anton aus Tirol.

Ich bin so schön. Ich bin so toll. Ich bin der Anton aus Tirol.

»Und seine Frau heißt eigentlich Antonie. Aber man sagt einfach Toni zu ihr. Und die Toni ist schwanger.«

»Wie sehr?«

»Man sieht's noch nicht. Nicht am Bauch. Aber alle wissen es.«

»Kein Wunder, dass er da so ausrastet. Er wird nicht wissen, wie er die Brut ernähren soll. Wenn er keinen Job mehr hat. Von Hartz IV allein wird er's auch nicht schaffen.«

»Ja, das sind schon Sorgen. Aber er war schon immer etwas eigen. Er hat immer gesagt, er scheißt auf die Kirche, der Herrgott spricht direkt mit ihm. Er war in Kaufbeuren.«

In der Irrenanstalt.

Ich sagte:

»Ach so, in Kaufbeuren.«

»Die arme Toni! Aber die kann sich schon trösten.«

»Meinst du, die hat derweil einen anderen …?«

»So, jetzt sind wir fertig«, sagte sie unvermittelt. »Recht so?«

Ich befühlte meinen Kopf. Ertastete eine Rübe mit Stoppeln.

»Wunderbar!«, sagte ich.

Zum Glück hatte ich keinen Spiegel zur Hand.

»Magst noch was Scharfes vorm Heimweg?«, fragte ich sie.

Sie schaute unsicher.

»Einen Schnaps? Obstler?«

»Nein, ich mag lieber was Süßes. Eierlikör. Schokolikör.«

»Hab ich leider nicht da.«

Ich war auch ganz froh. Einerseits hätte ich sie gern gefragt, ob sie noch ihr Piercing trägt, und ob ich es mal aus der Nähe anschauen darf. Andererseits wusste ich, dass ich zu besoffen war, um meinen Mann zu stehen, man weiß ja nie, *just in case*, und drittens, so restklar war ich doch noch, erinnerte ich mich, dass ihr Mann ein kräftiger Bauer war. Nein, ich wollte nicht, dass er mit der Mistgabel in der Hand vor der Tür steht und fragt, wo seine Alte so lange bleibt.

»Gruß an dein' Mann!«, log ich. »Und dank schön fürs Schneiden.«

Ich gab ihr einen Zwanziger. »Passt scho!«

»Tschüs«, sagte sie und wiegte ihren Popo mit ihrem Friseusenköfferchen davon.

Sie hatte mir viel gesagt. Aber weniger, als sie wirklich wusste.

Ich schaute zum Fenster hinaus. Frische Luft schnappen.

Drüben am Hang irrten Scheinwerfer durch die Nacht, ein Dreihundert-PS-Gefährt heulte auf und fuhr wie vergiftet über die Wiesen.

Ich dachte an Toni. *Ich bin so stark. Und auch so wild. Ich treib es heiß und eisgekühlt.*

Ich ging noch mal zur Haustür. Schauen, ob auch wirklich abgeschlossen war.

Ich sperrte die Tür von meinem Dachappartement zu.

Ich sperrte meine Schlafzimmertür zu.

Ich legte mein Handy neben mich.

Ich steckte meine Taschenlampe unter mein Kopfkissen.

Ich trank noch ein halbes Wasserglas Schnaps.

Ich hatte Angst.

Grundlos Angst.

Der Sauhund

Mitternacht war vorbei. Um vier Uhr kam um diese Zeit zwischen Himmelfahrt, Pfingsten und Trinitatis die Morgendämmerung. Nacht ist Angst. Morgendämmerung ist Erlösung. Wann schlafen?

Ich hörte Kuhglocken. Sie beruhigten mich.

Ich hörte einen Traktor. Er machte mir Angst.

Licht aus.

Eine Gestalt kommt auf mich zu. In der Hand ein zersplittertes Weizenglas. Sie lacht irre.

Ich bin gelähmt vor Angst. Ich will schreien, aber es kommt kein Ton. Ich bin im Bett gefesselt. Das Weizenglas mit seinem abgeschlagenen Zackenscherbenrand kommt näher. Es wird mir das Gesicht zerschneiden. Die Augen. Den Mund. Das Zahnfleisch. Die Zunge. Ich winde mich. Es nützt nichts. Wie kann ich sterben, bevor ich so zugerichtet werde?

Es kracht. Scherben klirren.

Ich wache auf. Klatschnass. Ich zittere. Wo ist er?

Ich habe nur geträumt.

Nur!

Ich knipse das Licht an. Auf dem Boden vor dem Fenster liegen die Scherben der Bierflasche. Unter der Fensterbank. Ich hätte sie aufräumen sollen. Es muss der Wind gewesen sein. Der Wind hat mich erlöst.

Ich bin völlig fertig.

Von einem Traum.

Gut, dass es niemand weiß.

Das letzte Mal, als ich so klatschnass vor Angst aufgewacht bin, war ich sechs. Jetzt bin ich fünfundsechzig.

Schande.

Ich lasse das Licht brennen. In einer Stunde wird es Tag. Das Zittern lässt nach.

Scheiß Traum.

Scheiß Tal.

Scheiß Ruhestand.

Alles Scheiß.

Ich nicke wieder ein.

Als ich aufwache, ist es nach acht, helle Sonne, Kaiserwetter. Ich bin wie gerädert. Da helfen auch vier Stunden Tiefschlaf nichts.

Ich muss mir das Zeug von der Seele laufen. Einfach weglaufen.

Um den See rum.

Kempten kann warten.

Um den See herumlaufen. Gute drei Stunden.

Ich nahm eine Plastikflasche voll Wasser mit. Ich trottete in meinem Jogging-Outfit die Kuhfladenstraße hinab. Halb neun schlug die Kirchturmuhr. Ich schaute die Kirche nicht an. Ich wollte nichts mehr damit zu tun haben. Mit dem Gehängten am Gekreuzigten. Zu viel ist zu viel.

Ich versteckte meine Wasserflasche im Bushäuschen gegenüber der Kirche unter der Wartebank. Wenn ich zurück bin nach meiner Seeumrundung, werde ich trinken, und die letzte halbe Stunde den Berg wieder rauf zur Alm joggen. Standjoggen. So steil ist das. Wenn ich unten trinke, komme ich oben nicht so ausgelutscht an.

Ich verschraubte die Flasche fest. Ich hätte ein Tesaband um den Verschluss kleben sollen. Was ist, wenn mich jemand beobachtet und tut da was rein?

Gift.

Ach, sei nicht paranoid! Es langt schon, wenn einer hineinschifft.

Ich bin paranoid. Gut, dass es keiner weiß. Man sieht es einem zum Glück nicht an. Weil es innerhalb vom Kopf ist.

Laufen tut gut. Der See tut gut. Der Grünten, der Hausberg von Sonthofen, steht noch immer, wo er immer gestanden ist. Tausendsiebenhundertachtunddreißig Meter über dem Meeresspiegel hoch, steht er majestätisch da. »Wächter des Allgäus« haben sie ihn getauft. Er bewacht das Allgäu. Hoffentlich auch mich. Das Dorf ist eine Idylle von Frieden, am Wasser, umgeben von sanften Höhen und hohen Bergen mit weißen Gipfeln. Nein, es gibt nichts Böses. Das ist alles nur Illusion. Alles nur geträumt. Die Wirklichkeit ist so schön. So schön wie die Ansichtskarten von Tal am See.

Wenn der Bauch nicht wäre! Ich bin noch keine fünf Kilometer gelaufen, da grummelt der Bauch. Zum Glück bin ich schon am See, abseits von der Bootanlegestelle mit dem Kiosk. Montag geschlossen. Gut! Die Büsche geben Sicherheit. Notfalls schlag ich mich in die Büsche. Ich hätte noch eine Viertelstunde daheim warten sollen. Aufs Klo gehen. Scheiße!

Es grummelt immer mehr. Ich hasse es, in die Büsche zu müssen. Schauen, dass mich niemand sieht. Zum Glück ist Montag. Niemand da. Es brodelt im Gedärm, es bohrt im Bauch, es drückt. Schweißtropfen treten mir auf die Stirn. Ich finde es einfach unwürdig, ohne Klo aufs Klo zu gehen. Schauen, dass nichts auf die weißen Nike-Laufschuhe geht. Mit fünf Blatt Klopapier auskommen. Die habe ich immer dabei. Selbst wenn ich kein Geld dabeihabe. Klopapier immer.

Ich laufe mit angehaltenem Atem, damit unten alles dicht bleibt. Mir fällt ein Patient aus meiner Krankenhauszeit ein. Er hat mir erzählt, dass er fünf Jahre in russischer Kriegsgefangenschaft war. Fünf Jahre. »Und das Schlimmste war, dass wir kein Klopapier hatten.« Das war das erste Mal, dass ich mir den Horror der Kriegsgefangenschaft richtig vorstellen konnte. Fünf Jahre ohne Klopapier. Ich bin dankbar. Kein Krieg. Friede. Klopapier.

Ich schlage mich in die Büsche. Damit mich die Kühe nicht sehen. Sonst vergeht ihnen das Wiederkäuen. Fünf Blatt. *O Tannenbaum, o Tannenbaum, wie grün sind deine Blätter.* Nein danke! Klopapier. *Sanft zur Haut.* Fünf Blatt. Eine Sache des Einteilens.

Dann schwebe ich weiter. Wie neu geboren. Frisch gewickelt. An einer Badewanne vorbei. Die Kühe saufen daraus das Regenwasser. Saftige Wiesen. Sanfte Höhen. Endlich frei. *Herrliche Berge, sonnige Höhen, Bergvagabunden sind wir, ja wir.* Endlich keine Angst mehr. Endlich locker.

Ein Hund bellt.

Warum bellt ein Hund in Tal? Hier gibt es keine Hunde, damit die Kühe und die Fremden – gemeint sind die Urlaubsgäste – nicht erschrecken. Kühe und Fremde sind lebenswichtig. Hunde verschrecken Kühe und Fremde. Deshalb gibt es hier keine Hunde. Woher also das Gebell?

Ich laufe weiter, ganz Ohr, ganz Auge. Ob und wo so ein Köter auftaucht. Aus dem Bellen wird ein großer schwarzer Hund, er rast auf mich zu, ich denke, das ist das Ende, ich habe von Haus aus eine Hundephobie, meinen linken Oberarm ziert eine über fünfzig Jahre alte Narbe von einem deutschen Schäferhund. »Er wollte nur spielen!« Ich hätte zurückbeißen sollen … Als ich klein war, brachte mein Vater einen Hund ins Haus, so einen kleinen Keifer, aber ich keifte noch lauter, sprang auf den Tisch vor Angst, war vom Tisch nicht mehr runterzukriegen. Der Keifer wurde schnell wieder abgeschafft. Ich blieb Einzelkind.

Erstaunlich, wie viel man in einer Sekunde denken kann. In der zweiten Sekunde, der Hund rast näher, erinnere ich mich an einen zufällig angeklickten Hinweis im Internet: Bei Hund im Anflug stehen bleiben. Tot stellen. Nicht anschauen.

Ich bleibe stehen.

Erstarre.

Stelle mich tot. Atme so leise, dass der Hund denkt, ich atme nicht. Weil ich tot bin.

Schaue woanders hin. Weiß nicht mehr, wohin. Jedenfalls woanders. Als gäbe es den Köter nicht.

Hoffentlich riecht er meinen Angstschweiß nicht.

Er bellt mich an, aber er springt mich nicht an.

Gott segne das Internet.

Keine Ahnung, wie lange ich da stehe, wie lange das Vieh bellt. Wie lange mir der Angstschweiß den Rücken runterläuft.

Irgendwann pfeift es.

Jemand.

Der Köter folgt dem Pfiff.

Oben am Hügel sehe ich gegen die Sonne die Silhouette einer Gestalt.

Höre ich ein Lachen? Ein Lachen, das ich kenne?

Ach was, auditive Halluzinationen. Kommt von den Endorphinen. Oder dem Adrenalin. Wahrscheinlich von dem Schreck.

Langsam trabe ich weiter.

Mein Puls geht von zweihundertzwanzig wieder runter auf hundertzehn oder so was.

Ich bin erleichtert.

Und wütend.

Nach der Alptraumnacht so ein beschissener Morgen!

Man könnte wirklich paranoid werden.

Nach zweieinhalb Stunden bin ich um den See und komme wieder am Bushäuschen gegenüber der Kirche von Tal an. Die Trinkflasche steht noch da. Unberührt. Ist doch alles in Ordnung. Alles nur meine Nerven. Ich jogge die restlichen drei Kilometer hinauf zur Alm.

Wenn ich gehen würde, wäre ich schneller.

Eine Sache der Ehre.

Geschafft.

So ein langer Lauf tut gut. Wenigstens das kann ich noch. Laufen ist so beruhigend wirklich, so wirklich wie der See und die Berge und der Schweiß und die Verdauung und der Durst. Die Wirklichkeit heilt die Angst.

Für eine Stunde.

Sauwohl

Pfeif auf den erhängten Pfarrer und auf die Schafkopfer und auf die Kirche und auf die Hunde und auf die Alpträume. Alles vorbei.

Jetzt geht's ans neue Leben.

Eine neue Angst kommt.

Eine neue Angst ist wie ein neues Leben. Nanananananana. Frei nach Jürgen Marcus. *Was einmal war, ist vorbei und vergessen und zählt nicht mehr.*

Die neue Angst ist die, ob ich dastehen werde wie ein alter Depp, der sich was einbildet.

In Kempten.

In der Redaktion vom Kemptener Tagblatt, das eingelegt ist in die Allgäuer Rundschau.

Ich starte meine Traumkarriere.

Schon als Schüler wollte ich Journalist werden. Schreiben.

Brotlose Kunst.

Sagten meine Eltern.

Studierte Theologie. Da kann man auch schreiben. Predigten.

Brotvolle Kunst. *Brot des Lebens.*

Ernährt hat es mich bis jetzt.

Aber jetzt ist es so weit.

Schreiben. Echt schreiben.

Mit fünfundsechzig.

Gefühlte fünfunddreißig.

Ich schwinge mich auf mein Fahrrad. Satteltaschen drauf. Manuskripte rein. Ich werde beim Kemptener Tagblatt anheuern.

Mein wahres Talent steht vor dem Durchbruch.

Drei Bestseller, und ich brauch nicht mehr zu schreiben.

Aber was tu ich dann?

Der Weg nach Kempten geht bergab. Immer bergab. Ich und mein Mountainbike. *Meine Psychose, mein Fahrrad und ich.* Buch von Fritz Simon. *Zur Selbstorganisation der Verrücktheit.* Wir rollen nach Kempten. Rollen Kempten von hinten auf.

Zur Vorbereitung auf meine Karriereverhandlungen kaufe ich die Montagsausgabe der Allgäuer Rundschau. Blättere durch. Bis ich zur Einlage komme: Kemptener Tagblatt. Auf einer Parkbank am Ufer der eisgrünen Iller. Lese:

»Tal. Vor der heiligen Sonntagsmesse wurde gestern in Tal der Pfarrer in der Kirche tot aufgefunden. Notarzt und Ambulanz konnten ihn nicht mehr wiederbeleben. Wie aus gut unterrichteten Kreisen zu erfahren, war er einem plötzlichen Herztod erlegen. Die Gemeinde reagierte schockiert. Bei dem Verstorbenen handelt es sich um Monsignore Theodor Amadagio. Er amtierte seit drei Jahren in den Gemeinden Tal, Obertal und Untertal. Die Betreuung der verwaisten Gemeinden wird Pfarrer Xaver Maria Guggemoos aus dem benachbarten Marktl übernehmen, bis ein Nachfolger gefunden ist.«

So, so.

Ich blieb noch eine Weile auf der Bank sitzen. Ich wollte nicht so verschwitzt in der Redaktion erscheinen. Als hätte ich es eilig. Als wollte ich was.

Der Chefredakteur hockte vor einem PC. Einen anderen Redakteur gab es nicht. War jedenfalls nicht zu sehen. Seinen Namen kannte ich aus der Zeitung. Magnus Augstein. Das war kein Name. Das war ein Symptom. Narzissmus. Wahnhafte Selbstüberschätzung. Er schaute nicht einmal auf, als ich eintrat. Sagte:

»Ja?«

Der Typ war halb so alt wie ich. Zwischen dreißig und vierzig. T-Shirt. Jeans. Ich hatte wenigstens ein Hemd angezogen. Noch mal das weiße. Die Spitzen der geschnittenen Haare von gestern Abend piksten mich in den Hals.

»Grüß Gott.«

»Und?«

Arschloch, dachte ich.

Ich sagte:

»Ich wollte mich mal vorstellen … Bär. Emil Bär. Dr. Emil Bär.«

»Und was wollen S'?«

»Ich bin neu zugezogen hier. Aus Würzburg. Ich schreib gerne.«

»Ich nicht.«

»Umso besser. Ich hab auch schon für die Würzburger Nachrichten geschrieben.«

Er tippte ohne jeden Bock an seiner Tastatur herum.

»Über Gott und die Welt.«

»Ach was?!«

»Ich mein, nicht über Gott und die Welt, ich hab eine Kolumne gehabt, hab ich immer noch, die heißt ›Gott und die Welt‹. Über zwanzig Jahre lang.«

»Und warum machen Sie damit nicht weiter?«

»Ich will mich noch mal verändern.«

»Bei uns? Im Kemptener Tagblatt? Sie können schreiben, Sie können's mir mit der Post schicken oder selber bringen oder faxen oder mailen oder mit Keilschrift in Stein kratzen oder den Säuen verfüttern oder gleich in den Papierkorb werfen. Wir haben keinen Bedarf. Und kein Geld. Und Gott und die Welt interessiert hier keinen. Wir sind Allgäuer. Keine Franken.«

»Ich dachte vielleicht an Features. Ich hab mal über eine Kapelle in Tal was geschrieben, wenn Sie's lesen wollen ...«

»Ich hab keine Zeit zum Lesen. Ich hab nicht einmal Zeit zum Schreiben.«

»Was machen Sie dann hier?«

»Anzeigen aufnehmen. Die Luise ist krank.« Er deutete mit dem Kinn auf einen leeren Schreibtisch. »Maul- und Klauenseuche.«

»Aber dann könnte ich Ihnen doch die Arbeit abnehmen. Wenn Sie Anzeigen aufnehmen.«

»Gott und die Welt und Kapellen in Tal oder wo auch immer geht den Leuten hier am Arsch vorbei. Probieren Sie's doch einfach mal im Diözesanblatt. Da passt das besser.«

»Aber ... wie machen Sie dann Ihre Zeitung? Da steht doch allerhand drin. Politik sogar. Machen Sie das alles ganz allein?«

Sein Gesicht erhellte sich ein wenig, wie von einem Hund, der einmal nicht geschlagen wird.

»Ja, alles allein. Die Politik und den ganzen Scheiß kriegen wir von der Schwäbischen Landeszeitung.«

»Und der Lokalteil?«

»Den kriegen wir vom Diözesanblatt und den paar protestantischen Gemeindebriefen. Liest sowieso keiner.«

»Also heut zum Beispiel, da steht doch dieser interessante Artikel über den toten Pfarrer in Tal. Mit dem Herztod. Aus gut unterrichteten Kreisen. Und so hopplahopp. Gestern früh passiert – und dazu noch am Sonntag –, heut früh schon in der Zeitung. Respekt!«

Meine Bemerkung elektrisierte ihn. Wie von der Tarantel gestochen riss er sich von seinem Bildschirm los und schaute mir zum ersten Mal ins Gesicht.

»Was ist denn daran interessant? Nix! Scheren Sie sich doch um Ihren Gott und seine Welt!«

»Wer sind denn die gut unterrichteten Kreise?«

»Das geht Sie einen Scheißdreck an!«

Ich hatte auf einmal Oberwasser.

»Warum gehen S' denn da auf wie eine Dampfnudel? Ich hab halt nur denkt, ich wohn da in Tal, und ich war am Sonntag auch in der Kirch, und ich hör, was die Leut sagen, und da könnt ich Ihnen doch ein Feature schreiben.«

»Feature. Wie Rind-feature. Für Rindviecher. Einen Dreck interessiert mich Ihr Feature.«

»Wär aber interessant.«

»Wieso, was reden denn die Leut?«

»Allerhand.«

»Was allerhand?«

»Allerhand eben. Was die Leut so reden. Vom Theo. Und vom Datschi. Und außerdem war ich dabei. Ich war der Notfallseelsorger.«

»Sie? Sie waren der?«

»Ahhh – woher wissen denn Sie, dass da ein Notfallseelsorger war?«

»Von der … von gar niemand, und das geht Sie schon gleich gar nix an.«

»Schad, wär eine schöne Geschichte geworden.«

»Raus! Raus jetzt!«

»Der erste Teil der Geschichte tät zum Beispiel in der Redaktion des Kemptener Tagblattes spielen, wo ein Redakteur die Nerven verliert, weil einer kommt und was weiß …«

»Raus!«

»Passen S' auf, wenn S' so weitermachen, geht's Ihnen noch wie dem Theo Amadagio. Plötzlicher Herztod ... Hier ist meine Karte.«

Ich gab sie ihm. Auf ihr stand: »Dr. Emil Bär. Psychoanalytiker. Sprechstunden nach Vereinbarung.«

Er schaute kurz drauf und verfiel in Schnappatmung.

Ich spielte meinen zweiten Trumpf aus.

»Hier ist noch eine Karte. Ich handel nämlich damit ...«

Ich legte sie ihm daneben: »Dr. Emil Bär. Dipl. Psych. Klinikseelsorger.«

Sagte:

»Zurzeit bin ich nur auf meinem Handy zu erreichen. Steht auch drauf. Falls Sie doch ein Feature brauchen sollten. Oder eine Behandlung für Ihre Nerven. Oder gegen Impotenz. Oder die letzte Ölung. Was Ihnen lieber ist ...«

»Hau ab«, plärrte er.

Ich dachte: Leck mich am Arsch.

Ich sagte:

»Leck mich am Arsch!«

Drehte mich um und ging.

Ich trat in die Sonne hinaus.

Kaiserwetter. Ich der Kaiser.

Ich hatte mich schon eine Ewigkeit nicht mehr so sauwohl gefühlt.

Aber das war erst der Anfang vom Sauwohlfühlen.

Brüderliche Erpressung

Das Kaiserwetter hielt an.

Auch an Himmelfahrt. Vatertag.

Theo Amadagio war zum Himmel gefahren. Wahrscheinlich. Hoffentlich nicht in die Gegenrichtung. »Auf dem Weg zur Hölle ist ein Geisterfahrer unterwegs ...« Was einem Blödes einfällt, wenn der Tag lang ist.

Ich saß vor dem Haus. Die »Alm«. Ich wohnte in einer kleinen Wohnstube unterm Dach. Einrichtungsstil: kein Stil. Restmöbel der fünfziger Jahre, ergänzt durch Elch-Regale von Ikea. Der Rest des Hauses stand leer. Es war ein altes Bauernhaus, in den fünfziger Jahren umgebaut zu einem »Heim« für Berg- und Naturfreunde. Mit den Jahrzehnten waren die Ansprüche gestiegen. Von wegen Matratzenlager und Gemeinschaftsduschen. Schickimicki-Appartements waren geplant. Die alt gewordenen Berg- und Naturfreunde suchten noch einen Investor, aber der ließ auf sich warten. Die Lage war zu mittelmäßig. Kein Lift, kein Shoppingcenter, kein Après-Ski, keine Disko. Nur Kuhglocken im Sommer, unpräparierter Schnee im Winter, und ohne Schneeketten kam man sowieso nicht hinauf. Genau richtig für mich.

Um zehn marschierten die ersten Wanderer vorbei auf dem Weg zur Gellehöhe. Wenn sie oben sind, sehen sie nach Osten ins Wertachtal und bis an die Zugspitze und nach Westen ins Rottachtal und bis nach Kempten. Alle Sonntagsbergsteiger sind professionell ausgestattet. Bergschuhe wie für den Mont Blanc, Rucksäcke von Wolfskin. Skistöcke. Ach was: Walking Sticks. Die mit den Sticks kommen alle von der Stadt. Kein Allgäuer staffiert sich mit Walking Sticks aus. Der Allgäuer kann auch ohne Walking Sticks aufrecht laufen.

Vorbei schnauften Muttis und Vatis mit Kindern, die maulten, weil es heiß war und bergauf ging. Die Vatis redeten beruhigend auf die Kids ein. Die Muttis versuchten, glücklich zu schauen.

Ich beneidete diese Familien.

Ich war allein.

Gott sei Dank.

Unten lag der See, wie immer, heute blau. Mit Segelschiffchen darauf. Der Turm der Kirche von Tal spitzte durch die Tannen herauf.

Messe war keine. Ausgefallen.

Vier Glockenschläge. Dann zehn andere. Aha, zehn Uhr. Dann noch mal zehn. Warum? Weiß Gott. Ob ich um zehn schon mit dem Frühschoppen anfangen sollte? Edelstoff von Augustiner. Mit einem Obstler vorwärmen?

Dann bin ich bis Mittag blau. Nachmittag verschlafen. Aber was soll ich sonst machen?

Im Ruhestand.

Andererseits hatte ich Lust, meinen Rausschmiss beim Kemptener Tagblatt zu feiern. Ich war noch immer stolz. Ich wollte schreiben. Veröffentlichen. Aber nicht um jeden Preis. Wer bin ich denn?!

Ein einzelner Wandersmann schritt langsam und mit Bedacht herauf. Ich sah ihn schon auf einen Kilometer Entfernung. Ich überblickte die Landschaft und die Straße, die erst weiter unten in das Waldstück taucht. Dort tauchte er auf.

Er sah aus wie ein Akademiker kurz vor oder nach der Pensionierung. Gepflegt. Graues Haar, gescheitelt, gekämmt. Eins achtzig. Brav. Randlose Brille. Keiner, der sich am Vatertag volllaufen lässt.

Er erblickte mich. Blieb stehen.

»Wohnt hier der Dr. Bär?«

»Ja.«

»Wo?«

»Hier.«

»Und wo kann ich ihn finden?«

»Hier.«

»Sind Sie der Dr. Bär?«

»Ja.«

»Grüß Gott.«

»Grüß Gott.«

»Ich tät Sie gern sprechen.«

Ich dachte: Ich nicht.

Ich sagte:

»Dann hocken Sie sich halt her. Auf der Bank ist noch Platz.«

Er betrat das Grundstück, kam auf mich zu, strecke mir die Hand entgegen.

»Willibald Rössle.«

»So, so. Grüß Gott.«

Anstandshalber war ich aufgestanden. Er war nicht der Typ, bei dem man hocken bleibt. Irgendwie. Einen Kopf größer als ich. Ich schaue ungern auf.

Ich sagte nichts. Wer nichts sagt, ist im Vorteil.

»Sie wundern sich vielleicht, dass ich hier raufkomm zu Ihnen.«

»Hm.«

»Und was ich von Ihnen will.«

»Und was wollen S' von mir?«

»Ich hätte einen Auftrag.«

Ich dachte sofort an was zum Schreiben. Ein Buch? Ein Feature? Ist er gar von der Zeitung? Der Verleger der Allgäuer Rundschau?!

Ich hielt die Luft an. Lauschte.

»Einen Job. Eine Mission.«

»Ich bin kein Missionar.«

»Ich weiß, Sie sind Psychoanalytiker.«

»War.«

»Was, war?«

»Ich war Psychoanalytiker.«

»Ja, bis vor sechs Tagen. Aber Psychoanalytiker bleibt man. So wie man Priester bleibt. Auch wenn man in Rente geht. Außerdem sind Sie ja auch Pfarrer.«

»Und woher wollen S' das wissen?«

»Ich hab mich erkundigt.«

»Und wo? Und warum?«

»Reden wir nicht lang rum. Letzten Sonntag ...«

Nicht das schon wieder! Ich hatte Durst. Ich wollte meinen Frühschoppen anfangen. Seit Wochen keinen Frühschoppen, und letzten Sonntag war er quasi ausgefallen.

Ich sagte:

»Ich bin gleich wieder da.«

Ich kam mit zwei Flaschen Augustiner Edelstoff zurück.

»Hier«, sagte ich. »Letzten Sonntag war ich beim Frühschoppen, aber da hat es nur Prostata-Bier gegeben. Brunze. Hier gibt's was Gescheites. Ausm Keller.«

Ich hielt ihm eine kühle Flasche Edelstoff hin.

»Dank schön. Ist noch ein bissle früh. Aber …«

»Vatertag!«

»Himmelfahrt!«

»Okay, ich trink auf den Vatertag, Sie auf Himmelfahrt.«

Er hatte einen Augsburger Zungenschlag. Die Sprache meiner Kindheit. Da werd ich schwach. Besonders bei Frauen. Bei ihm wurde ich nur halb schwach.

»Prost!«

»Broschd!«

Ja, er war aus Augsburg. Die Augsburger sprechen Prost russisch aus. Broschd.

Ich fragte:

»Machen S' einen Ausflug?«

»Ja. Betriebsausflug.«

»Welcher Betrieb?«

»Sie werden lachen. Bistum Augsburg.«

»Oh, welch ein Glanz in meiner Hütte. Und der Betriebsausflug führt Sie ausgerechnet zu mir.«

»Ja, wegen eines Betriebsunfalls. Letzten Sonntag …«

»Sie kommen doch nicht wegen dem aufgehängten Priester?«

»Doch, wegen dem Pater Theodor Amadagio.«

»Dem Datschi!«

»Datschi?«

»So sagen die Männer hier zu ihm. So haben sie gesagt. Aber wenn sie über ihn reden, sagen sie immer noch ›der Datschi‹.«

»Und was reden sie über ihn?«

»He, Sie sind aber gut im Ausfragen. Meine Mama hat immer gesagt: Lass dich nicht von fremden Leuten ausfragen! Sagen S' mir zuerst, was Sie von mir wollen.«

»Ich will, dass Sie herausfinden, was da passiert ist. Letzten Sonntag.«

»Was soll denn passiert sein? Der Theo Datschi hat sich aufgehängt, und dann haben sie ihn auf eine Bahre gelegt und ein Tuch drüber und ab damit. Nach Kempten.«

»Nein.«

»Was nein?«

»Nicht nach Kempten.«

»Wohin dann?«

»Nach Duisburg.«

»Heilig's Blechle, jetzt komm ich aber nicht mehr mit. Warum nach Duisburg?«

»Weil er von da her ist. Seine Heimat.«

»Weil in Duisburg jeder Zweite Amadagio heißt!«

»Er ist von da. Seine Mutter war Deutsche. Sein Vater aus Neapel.«

»Und was macht er jetzt da in Duisburg? Sein Leichnam?«

»Eingeäschert.«

»Wie, so schnell? Heut ist doch erst Donnerstag.«

»Ja. Wir wollten … hm … wie soll ich sagen …«

»Ihn schnell aus dem Weg schaffen. Was wird da gespielt?«

»Wir – vom Bistum – glauben nicht, dass sich der Theo aufgehängt hat. Er war nicht der Typ dazu. Und ich will, dass Sie herausfinden, ob er sich tatsächlich aufgehängt hat, und wenn nicht, was da wirklich passiert ist.«

»Und warum schalten Sie nicht die Kripo ein? Das wäre doch das Naheliegendste!«

»Weil wir keinen neuen Skandal brauchen. Sie wissen doch: Da kommt dann gleich die Presse, und dann wird rumgestiert, pädophil und dies und jenes, Sie kennen ja diese Hysterie, die grad gegen die katholische Kirche tobt.«

»Und warum wollen Sie dann nachforschen? Lassen S' ihn doch in Frieden in seiner Urne liegen, und der Käs ist 'gessen.«

»Ich bin der Personalchef vom Bistum Augsburg, da gehört die Region Kempten mit dazu. Und ich muss wissen, was da wirklich war. Und der Bischof will es auch wissen. Aber wir wollen nicht, dass es andere wissen. Das geht keinen was an. Trotzdem brauchen wir einen internen Bericht, intern und neutral. Extern verfasst für den internen Gebrauch. Wir wollen uns nicht vorwerfen lassen, dass wir da was vertuschen wollten. Falls jemand in der Geschichte herumschnüffelt.«

»Und wie kommen Sie denn auf die Idee, ich tät für Sie da rumschnüffeln? Was interessiert denn mich Ihre Kirche und Ihr Theo und mit wem es die Priester treiben ... Von mir aus mit Bäumen, ist mir auch wurscht.«

Er schaute missbilligend, sagte:

»Ich habe gedacht, Sie könnten sich dafür interessieren. Sie müssen es nicht umsonst machen.«

»So? Geld ist für mich kein Thema.«

Log ich.

»Zwanzigtausend Euro.«

Ich griff zur Flasche.

»Plus Spesen.«

Ich verschluckte mich und hustete.

»Broschd«, sagte er und tat einen Schluck.

»Und wie kommen Sie ausgerechnet auf mich?«

»Soll ich Ihnen Ihre Vorzüge aufzählen?«

»Warum nicht? Kann mich nicht erinnern, dass jemand das jemals getan hat. Normalerweise hört man seine Vorzüge erst bei der Beerdigung. Etwas spät. Also ...?«

»Sie sind von der Kirche, aber nicht von unserer. Sie kennen sich aus, aber Sie sind nicht betriebsblind.«

»Das gilt auch für einen x-beliebigen katholischen Kriminaler von der Kemptener Polizei, der im Pfarrgemeinderat sitzt. Da gibt's doch sicher einen.«

»Sie müssen keinem Vorgesetzten berichten. Sie müssen nur mir berichten.«

»Und wenn ich an die Zeitung geh? Ich schreib ganz gern.«

»Das Kemptener Tagblatt wird nichts von Ihnen drucken. Für die Süddeutsche sind Sie nicht gut genug.«

Danke!

War er Hellseher? Wusste er, dass die SZ schon ein paar Manuskripte von mir zurückgeschickt hatte? Wahrscheinlich ungelesen. Hoffte ich.

»Aber warum wird das Kemptener Tagblatt nichts ...«

»Wir sind uns – sagen wir – im Glauben verbunden.«

»Im Glauben ans Geld?«

»Sagen wir so: Ohne die Kirche täte sich das Kemptener Tagblatt etwas schwer …«

»Aber wenn sich da eine scharfe Geschichte ergibt? Priester erhängt sich wegen Kindesmissbrauchs … An die Bunte. Bild. Superillu. Spiegel. Focus.«

»Dr. Bär, Sie sind schweigsam.«

»Wieso?«

»Weil Sie nicht blöd sind. Ich habe Ihre Bücher gelesen. Sie werden bei uns viel gelesen. Wenn auch nicht offiziell empfohlen. Besonders Ihr Seelsorge-Buch.«

»Warum nicht empfohlen? Tät der Auflage ganz gut.«

»Ihre Sprache ist … hm … auf der mehr populären Seite von akademisch.«

»Zu versaut.«

»Eben! Stellenweise vulgär. Aber Sie können mit den Leuten hier reden. Mit den ordinären Lackeln. Aber auch mit den Frauen.«

»Wie kommen Sie denn da drauf?«

»Sie haben eine Ader für das schönere Geschlecht. Und Sie sind ein zutiefst menschlicher Seelsorger. Sie fahren oft zu Ihrer Mutter ins Pflegeheim nach Augsburg. Nach Ostheim bei Augsburg genauer. Das Marien-Heim. Ausgezeichnete Wahl!«

»Hoppla, jetzt schlagt's dreizehn! Haben Sie mir nachspioniert?«

»Manche Informationen drängen sich einfach auf … Sie sind ziemlich oft in Augsburg. Seit ein paar Jahren. Seit Ihre Mutter im Pflegeheim ist.«

»Ja, ich besuche sie halt. Ich hoff, dass sie mitkriegt, dass ich es bin.«

»Ihr einziger Sohn.«

»Ja, das ist ja die Scheiße. Eine Schwester wenn ich hätt, das wär jetzt praktisch!«

»Und Sie überlasten Ihre Frau Mutter ja auch nicht mit Ihren Besuchen.«

Er wusste, wie er mich kriegte. Ein Fuchs, der Kerl. »Ihre Frau Mutter«. Das hatte Stil. Respekt. Form. Anders als die Sozialtussis von den Kliniken und Versicherungen und Sparkassen. »Hallo, Herr Bär, es geht um Ihre *Mama*.« Blöde Fotze.

Er fuhr fort:

»Sie dosieren Ihre Besuche sehr taktvoll. Außerdem haben Sie in Augsburg noch alte Freunde, oder zumindest eine alte Freundin – ich meine damit nicht ihr Kalenderalter. Wir sind da auf einen hübschen Zufall gestoßen. Jedes Mal, wenn Sie Ihre Frau Mutter besuchen, treffen Sie zufällig auch mit einer jüngeren Frau zusammen. So um die vierzig … Für unsere Generation ist vierzig ja durchaus noch jung … Sie treffen sie. Wie im Evangelium des Johannes. Kapitel drei. Der alte Nikodemus trifft Jesus. In der Nacht. Heimlich.«

Von wegen. Ich und alt. Trotzig sagte ich:

»*Der Geist weht, wo er will …*«

»*Und wir hören sein Sausen wohl …* Und wie es der Zufall will, noch so ein netter Zufall, besuchen Sie Ihre Frau Mutter immer dann, wenn der Ehemann dieser Frau auf einer Konferenz oder auf Dienstreise ist. Jedenfalls nicht in Augsburg. Und wie ich sagte, Sie sind doch nicht blöd. Sie werden doch das Familienglück mit den drei Kindern Ihrer Geliebten nicht aufs Spiel setzen. Zwei so liebe Kinder, das Mädchen vier, der Bub sechs, und dann noch ein Nachzügler, ein ganz liebes Mädchen …«

Er schaute mich von der Seite an.

»Sieht Ihnen sogar ein wenig gleich …«

Er lächelte süffisant.

Ich hasse süffisant.

Mein Vater lächelte immer süffisant. Kam sich idiotisch überlegen vor.

Ich hätte ihn dafür umbringen können. Hat sich erübrigt. Schon lange tot.

Schweißperlen bildeten sich auf meiner Stirn.

Ich trank aus der Bierflasche. Verschluckte mich. Hustete.

Rössle palaverte im Unterhaltungston weiter:

»… und der Vater dieser lieben Kinder ist Präsident der Polizeiinspektion Augsburg. Eine Familie zum Vorzeigen. Es gibt nicht mehr viele davon. Die Frau, da verrate ich Ihnen ja wohl kein Geheimnis, ist Vorsitzende der Stiftung ›Sonnenschein‹ für krebskranke Kinder. So eine Bilderbuchfamilie zerstört man nicht. Sie nicht. Sie sind nicht blöd. Man sägt nicht den Ast ab, auf dem man sitzt. Deshalb kann ich mich auf Ihre Verschwiegenheit verlassen.«

»Jetzt langt's mir, Sie … Sie … Ich zerbrech gleich die Flasche und steck Sie in Ihre verdammte Visage, Sie Erpresser, Sie katholischer. Sie Lump. Nix mach ich! Stecken Sie sich Ihren Auftrag sonst wohin …!«

Er wurde noch cooler. Noch süffisanter.

»Nach der Geburt ihres ersten Kindes hatte die junge Mutter eine schwere Depression. Aber sie fand einen guten Therapeuten … Ach, jetzt fällt's mir wieder ein, der hieß auch Bär … so ein Zufall! Das werden doch nicht Sie gewesen sein …?«

Noch mehr Schweißperlen auf meiner Stirn.

Ich sagte:

»Schmarrn. Wahrscheinlich mein Bruder.«

»Wusste gar nicht, dass Sie einen Bruder haben.«

Hatte ich auch nicht, sagte:

»Stiefbruder.«

»Ah so … da hätt ich gründlicher googeln sollen … aber ich wär auch gar nicht auf den Gedanken gekommen … bei Ihrem ausgezeichneten Ruf als Psychoanalytiker. Dazu Mitglied der Ethikkommission in der Bundesvereinigung der deutschen Psychoanalytiker.«

Ich zitterte vor Wut. Am ganzen Leib.

Ein Psychoanalytiker, der sich mit einer Ex-Patientin einlässt, kann zwar gerichtlich nicht belangt werden, aber in seinen Kreisen ist er unten durch. Er kann seinen Laden dicht machen. Mit Ex-Patientin einlassen ist Todsünde. Psychoanalytisch. Passiert öfter. Todsünden passieren ja auch öfter.

Kalt lächelnd heizte mir dieser Rössle ein. Mit Andeutungen. Anspielungen. Innuendos.

Ich kochte. Schrie ihn an.

»Ich bin nicht erpressbar! Ich bin im Ruhestand und muss kein Disziplinarverfahren fürchten und keine Vorgesetzten, ich bin ein freier Mensch!«

»Es geht doch nicht um Sie, oder Ihren guten Ruf … Es geht

um das Glück einer Familie. Die Familie Ihrer Geliebten. Nicht auszudenken, wenn ihr Mann erführe … Sie wollen doch dieses Familienglück nicht zerstören. Der Familie zuliebe werden Sie den Auftrag annehmen. Zu meinen Bedingungen.«

Ich dachte: Die Drecksau.

Ich sagte:»Du Drecksau!«

Wir schwiegen eine Minute. Ich trank mein Bier leer. Er fischte aus seinem Rucksack eine Flasche Schnaps.

»Feines Tröpfle«, sagte er. »Schluck?«

»Sauf dein Tröpfle selber, du Hurenbock, du krimineller, du katholischer!«

Er hielt mir die Flasche hin.

Ich sah das Etikett auf der länglichen grünen Flasche. Wurde schwach. Tanqueray Gin No. 10. Ohhhh …

Ich ergriff die Flasche und nahm einen tiefen Zug. Der Tanqueray schlug in meinem Magen ein wie eine Bombe. Er tat gut. Ich schnappte nach Luft.

Ich hatte vergessen zu atmen.

»Aber warum zahlt ihr mir zwanzigtausend Euro, wenn ihr mich erpressen könnt?!«

»Erpressung ist ein böses Wort. Es geht um Motivation. Wer erpresst wird, arbeitet nicht gut. Wir brauchen gute Arbeit von Ihnen. Sagen wir so, nehmen wir es einfach als eine Frage der Hermeneutik. Wir schützen Ihre Johannes-drei-Beziehung, und wir schützen eine Familie. Und wir schätzen Ihre Arbeit. Zwanzigtausend Euro. *Jeder Arbeiter ist seines Lohnes wert.* Positive Motivation. Und Sie dienen der Wahrheit. Ich will, dass Sie die Wahrheit rausfinden. Mehr nicht. Sie sind doch ein Liebhaber – ah – auch der Wahrheit. Sie haben über Bion promoviert. Wilfred Bion. Der englische Psychoanalytiker, der Mystiker der Psychoanalyse. Der Apostel der Wahrheit. Der Erfinder des ›O‹. O, die Wahrheit, der Sinn, das Wesen hinter den Dingen. Ich will das O dieser Geschichte von Theo Amadagio wissen. Das historische O und das existenzielle O.«

O mei, o mei, dachte ich. Er kam wirklich nicht auf der Brennsupp'n dahergeschwommen, dieser Rössle.

Ich sagte:

»Das O ist unerkennbar. Das Ding an sich.«

»Aber die Manifestationen von O sind erkennbar. Die Inkarnationen. Was passiert ist. Am Sonntag. Vorher. Nachher. Warum. Das will ich von Ihnen wissen!«

Ich schnaubte wie ein wütendes Pferd. Ich war sooo wütend und sagte:

»Ich hab so eine Wut im Bauch!«

»Aber Sie sind auch neugierig. Triebhaft neugierig. Sie haben den Job doch schon angefangen. Schon am Sonntagfrüh. Da haben Sie sich als Notfallseelsorger erfunden. Sie waren also der Erste, der wusste, dass der Theo erhängt gefunden wurde. Die anderen dachten, es war das Herz. Plötzlicher Herzstillstand. Oder Schlag. Hirnschlag.«

»Woher wissen Sie das? Das mit der Notfallseelsorge?«

»Ich habe mit jemandem von der Notfall-Crew gesprochen und war hoch erstaunt, als ich hörte, dass wir in Kempten eine Notfallseelsorge hätten. Gute Idee übrigens. Werden wir einrichten. Oder eingerichtet lassen. Sie werden offiziell zum Notfallseelsorger für die Diözese Kempten ernannt. Ich hab Ihnen schon einen Ausweis machen lassen und mitgebracht. Hier!«

»Da bin ich wirklich baff. Ihr Laden ist effektiv!«

Auf dem Ausweis, der zum Anheften war, stand:

»Dr. Emil Bär. Notfallseelsorge.«

Er langte noch mal in den Rucksack.

»Und hier ist noch einer: ›Dr. Emil Bär. Consultant Bistum Augsburg‹.«

»Ham S' vielleicht noch einen dritten?«

»Ja. Hier … ›Dr. Emil Bär. Pro Familia‹. … Den brauchen S' wahrscheinlich nicht. Er ist für die Frauen. Wenn Sie von denen was wissen wollen. Nur für den Fall. Und Sie werden mit Frauen zu tun haben. Mit etlichen. So wie ich den Theo kenn. Gott hab ihn selig.«

»Pro Familia … Das ist doch der ADAC für Sex.«

»Wieso?«

»Die machen ›Pannenhilfe nach sechs‹. Hab ich gelesen.«

»Vielleicht können S' dann die Pro Familia auch privat gebrauchen. Sogar in Kempten gibt's eine Filiale. Und in Augsburg …«

Er grinste schon wieder so süffisant.

Ich nahm noch mal seine Schnapsflasche.

»Broschd. Eins zu null für Sie.«

Ich zog den Tanqueray wie ein Ochse in mich hinein. Er schmeckte mit jedem Schluck besser. Zart und kräftig.

»Guter Zug«, sagte er.

Ich sagte:

»Wer zuletzt lacht, lacht am besten!«

Ich wusste nicht, warum ich zuletzt und am besten lachen würde, keine Idee, aber ich wollte auch etwas Kryptisches von mir geben. Eines wusste ich jedenfalls sicher, und ich dachte es bei mir: Ich werde es dir heimzahlen, du gemeine Sau, du hermeneutische!

»Also«, sagte er, »dann können wir ja anfangen.«

»Anfangen mit was?«

»Ich geb Ihnen ein Briefing über den Theo.«

Meine Neugierde war größer als meine Wut, und zwanzigtausend Euro hatten eine sedierende Wirkung auf mich. Außerdem wollte ich mein schlampiges Verhältnis nicht auffliegen lassen. Er hatte mich in der Hand. Er hatte recht: Ich wollte um keinen Preis meine Geliebte und ihre Kinder in ein Schlamassel bringen. Der Mann war mir wurscht. Der Polizeipräsident.

»Briefing ... Ich glaub, ich bin in Amerika. Also, ich horch ... lassen S' endlich die Sau raus!«

»Schauen S', das mein ich mit der Sprache, warum wir Ihr Buch nicht empfehlen können.«

»In Nordelbien geht es weg wie warme Semmel!«, sagte ich.

Er sagte: »Im Kongo wahrscheinlich auch.«

Ich sagte: »Lieber Neger als katholisch.«

Er sagte: »Hauptsache, wir verstehen uns. Also der Theo ...«

Der Kopf vom Ratzinger

Ich holte noch mal zwei Flaschen Augustiner Edelstoff.

Hätte ich nicht gedacht, was das für ein Frühschoppen wird!

Ich nahm den Faden wieder auf:

»Wie kommen S' denn drauf, dass da was nicht stimmt mit dem Tod vom Theo?«

»Mein *gut feeling*.«

»Ihr was?«

»Na gehen S' zu, Sie wissen doch, was ein *gut feeling* ist. *Come on, mate!* Das Bauchgefühl. Der siebte Sinn. Sie waren jahrelang in Australien. Sie haben Ihre Psychologie-Diplomarbeit auf Englisch geschrieben. Sie haben später den Psychoanalytiker Bion auf Englisch gelesen und seitenweise zitiert.«

»Haben Sie das auch ausgeschnüffelt?«

»Da brauch ich nicht zu schnüffeln. Googeln langt. Ein Wunderwerk, diese Suchmaschine!«

Recht hatte er. Ich habe immer ein Mordstheater gemacht mit meinen neuen Patienten in der Analyse. Dass sie nix von mir wissen. Neutralität. Abstinenz. Bis sie dann so gelächelt haben. So wissend. Und mir verraten haben, dass alle meine Geheimnisse im Internet zu finden sind. Auf den Klappentexten meiner Bücher. Und in den Büchern noch viel mehr. So viel zu der Idee, dass ich, der Analytiker, ein blanker »Spiegel« bin, ein unbeschriebenes Blatt, eine weiße Leinwand, auf den die Analysanden ihre Projektionen und Phantasien werfen können.

»Ah. So. Als Nächstes sagen Sie mir, dass Sie mich auch schon gewickelt haben, wie ich klein war … Also gut, ihr Darmgefühl sagt Ihnen, dass da was stinkt mit dem Theo, der sich aufgehängt hat. Auf ihr *gut feeling* ist g'schissen. Mein *gut feeling* sagt mir, dass er sich aufgehängt hat.«

»Er war nicht der Typ dafür.«

»Wieso nicht – wie ist der Typ, der sich aufhängt?«

»Sie sind Analytiker, nicht ich. Depressiv, tät ich sagen. Der Theo war nicht depressiv. Im Gegenteil. Aber ich hab hier was,

das beweist, dass mein *gut feeling* nicht an den Haaren herbeige-
zogen ist.«

Er holte einen Zettel aus seinem Rucksack.

»Da schauen S'. Sein Abschiedsbrief.«

»Oh. Einen Abschiedsbrief hat er hinterlassen?«

»Ja, in der Sakristei.«

»Und wo haben Sie den her? Von der Polizei? Die hätten doch
die Leiche mitgenommen und gerichtsmedizinisch untersucht.«

»Nein, nicht von der Polizei.«

»Von wem dann?«

»Wir haben da unsere Quellen … Hier, lesen Sie!«

Ich las:

»Ich pack es nimmer. Deshalb scheide ich aus meinem sündigen Leben.«

Ich sagte, halb zu mir selber:

»Times New Roman, Größe vierzehn, PC-Ausdruck. Auf ein
DIN-A4-Blatt geschrieben, in der Hälfte abgerissen.«

Willibald Rössle sagte:

»Das ist untypisch! Der Theo hat es nicht so gehabt mit den
Computern. Er hatte oft Ärger, als er noch Student war. Er hat
seine Arbeiten immer in Handschrift abgegeben. Schwer leserlich.
Und später auch. Ich hab ihm gesagt: Ich will die Urlaubsanträge
und alles Büromäßige auf Maschine geschrieben. Ganz früher hat
man ja noch mit der Schreibmaschine geschrieben. Später mit
Computer. Er hat alles mit Hand geschrieben. Immer. Mit seinem
Füller. Ich glaub, der ist mit seinem Füller ins Bett gegangen.«

»Vielleicht hat er's seiner Sekretärin diktiert?«

»So blöd war der wirklich nicht. Den Abschiedsbrief seiner
Sekretärin diktieren. Schnapsidee.«

»Apropos Schnaps: Ich kann nur klar denken, wenn ich einen
Klaren im Kopf habe.«

Er reichte mir die Flasche. Der Frühschoppen gefiel mir mit
jedem Schluck besser.

»Und außerdem, er hat die Sprache geliebt. Er war narzisstisch
in seine Formulierungen verliebt, wenn Sie verstehen, was ich
meine. Die Leute haben immer gesagt, wie schön er gepredigt
hat. Wenn man gefragt hat, was er denn gesagt hat, haben sie es

nicht gewusst. Aber schön war's. ›Ich packe es nimmer. Deshalb scheide ich aus meinem sündigen Leben.‹ Hören S', das klingt wie im Tegernseer Bauerntheater.«

»Stimmt. Das heißt: Der Abschiedsbrief ist vielleicht gar nicht von ihm.«

»Genau. Passt einfach nicht. Er hat schreiben können. Aber nicht Bauerntheater. Wissenschaftlich. Auch lyrisch. Künstlerisch. Gedichte. Und nicht nur deutsch … Er hat was Italienisches in seiner Schreibmelodie gehabt. Er hat auch seine Dissertation auf Italienisch geschrieben. Er hat am Angelicum in Rom studiert. Summa cum laude. Eins mit Stern, hieß es in der Schule.«

»Ohhhh! Hut ab. Am Angelicum. Bei den Dominikanern. Ein echter Hundling, wenn Sie verstehen, was ich meine.«

»Ja, die *domini canes*. Die Hunde des HERRN. Sie kennen das Angelicum ja. Sie waren ja 2008 da. Internationaler Bion-Kongress.«

»Ich glaube an Willibald, den Allwissenden …«

»Verarschen kann ich mich selber. Geben S' mir den Schnaps wieder her!«

Er nahm einen Schluck. Er menschelte. Gefiel mir immer besser.

Ich sagte:

»Das ist ein echter Knaller. Der Theo. Dr. Datschi. Über was hat er sich denn ausgelassen auf Italienisch in seiner Diss?«

»Caritas, Eros und Agape in der Rezeptionsgeschichte der paulinischen Theologie im Italien des 13. Jahrhunderts.«

»Oh. Warum gerade des 13. Jahrhunderts?«

»Keine Ahnung. Die anderen Jahrhunderte waren wahrscheinlich alle schon erforscht … Aber das 13. Jahrhundert passt auch wieder zu ihm und seinem Faible für die Frauen. Das 13. Jahrhundert war theologisch das Jahrhundert der Frauen. Die Frauenklöster. Die Mystik. Die Theologie wurde feminin. Und erotisch. Gertrud von Helfta. Mechthild von Magdeburg. Marguerite Porète. Die jungen Frauen vermählten sich mit ihrem Geliebten, dem Christus. ›Heilige Hochzeit‹. Heiße Sache. Die erste erotische Theologie entstand … Ja, das passt zum Theo. Der und die Weiber …«

»Aber sagen S', wie kommt es, dass dieser gescheite, feinsinnige Theologe in Tal landet? Er hätte doch mindestens schon Erzbischof von München und Freising oder Köln sein können. Oder wenigstens Duisburg.«

»Ja, das ist so eine Geschichte. Der Theo hatte einen Kopf wie der Ratzinger. Aber ...«

»Aber?«

»Unter uns gesagt: einen Schwanz wie der Strauss-Kahn.«

»Ah, da schau an! Da gibt's doch in der Bergpredigt ein patentes Rezept: *Wenn dich dein Auge ärgert, reiß es aus ...* und die Hand auch, und von der Hand zum Schwanz ist es ja nimmer so weit ...«

»Wenn's ihn nur geärgert hätt! *Uns* hat er damit geärgert!«

»War er schwul? Wie die Männer hier sagen.«

»Schön wär's gewesen. Er galt als schwul. Aber das war nur ein lanciertes Ablenkungsmanöver. In Duisburg war er nicht mehr zu halten. Wir mussten ihn in Sicherheit bringen. Die Weiber sind auf ihn geflogen.«

»Und das hat sich auf eure Alimentenkasse ausgewirkt? Zu teuer geworden, die Kindlein?«

»Nein, das nicht. Kein einziges. Er hat nie was anbrennen lassen. Keiner konnte ihm was nachweisen. Aber der Ruf ... Er war nicht dumm. Er war intelligent. In jeder Beziehung. Wie gesagt, den Kopf vom Ratzinger, den Schwanz von Strauss-Kahn. Wir haben ihm die Rote Karte gegeben, wie man im Fußball sagt, ihn vom Feld genommen, um keinen großen Ärger zu kriegen. Bevor was passiert.«

»Vom Feld genommen und in die Berge geschickt. Ersatzbank Tal. Als gäb's da keine Weiber!«

»Wir haben die Schwulenstory erfunden. Die geht in der Öffentlichkeit seit Jahren am leichtesten durch. Gehört fast schon zum guten Ton. Schwul sein. Besser als pädophil. Man hat sie uns abgekauft. Versetzung wegen schwul. Da können sich die Leut aufregen, aber nicht zu arg. Bei euch Protestanten gibt's ja auch gerade die heiße Diskussion, ob Schwule im Pfarrhaus wohnen dürfen. Was wollt *ihr* denn damit vertuschen?«

»Ach, eine schwierige Geschichte. Diese Pfarrhaus-Schwulendebatte hat viele Vorteile. Erstens brauchen wir nicht über wichtige Sachen zu reden, zum Beispiel darüber, dass uns die Leute davonlaufen und dass uns das Geld ausgeht, weil wir es in alte Häuser stecken, die keiner benutzt. Und außerdem ist es für uns Protestanten die einzige Möglichkeit, über Sex zu reden. Schwule Paare im Pfarrhaus. Das regt die Phantasie an. Was die Schwulen da treiben im Pfarrhaus. Ausgefallenen Sex. Aber den haben die Pfarrersehepaare auch. Sex fällt aus. Und so gehen die Phantasien ins schwule Pfarrhaus. Was treiben die? Wie? Wie oft? Wie pervers? Das ist schön. Das beschäftigt die Leute. Inzwischen können die Kirchenoberen in Ruhe ihre nutzlosen Gebäude sanieren.«

»Hahaha.«

Willibald Rössle war sichtlich amüsiert.

»Dann geht's euch auch nicht viel besser als uns … Also mit dem Theo, das hat ja bis jetzt ganz gut funktioniert.«

»Warum gerade jetzt? Das fragen wir Psychoanalytiker uns immer, wenn einer zur Behandlung kommt. Warum gerade jetzt? Warum passiert der Selbstmord gerade jetzt? Oder der Unfall? Oder der Schlaganfall? Oder der Herzinfarkt? Warum gerade jetzt?«

»Keine Ahnung. Zufall.«

»In der Psychoanalyse und im Glauben gibt es keine Zufälle. Wie alt war denn der Theo eigentlich?«

»Zweiundvierzig. Warum?«

»Und was war, als sein Vater zweiundvierzig war?«

»Warum, was hat das mit seinem Vater zu tun? Sein Vater war Italiener, aber er hat die Familie verlassen, er hat wohl Heimweh gekriegt, und … ich erinnere mich nicht mehr so genau … ich weiß nur, dass dem Theo sein Vater in Italien relativ früh verstorben ist.«

»Und wie alt war sein Vater, als der Theo kam?«

»Keine Ahnung.«

»Und wie alt war sein Vater, als er den Theo und seine Mutter verlassen hat?«

»Keine Ahnung. Was soll denn die Fragerei?«

»Schauen S' doch einmal nach. Rein aus wissenschaftlichem

Interesse. Es gibt ein Phänomen, das eine australische Psycho-analytikerin erforscht hat, sie heißt Averil Earnshaw. Sie hat herausgefunden, dass oft seltsame Sachen passieren, wenn wir in das Alter kommen, in dem der Vater oder bei Frauen die Mutter war, als etwas Wichtiges passiert ist.«

»Also … Was heißt jetzt das, ich komm nicht mit.«

»Schauen S' einfach nach, was passiert ist, wie der Vater vom Theo zweiundvierzig oder um den Dreh rum war. Ich wett mit Ihnen jetzt eine Flasche von dem Tanqueray, den Sie da mitge-bracht haben, dass dem Theo sein Vater mit zweiundvierzig den Theo gekriegt hat. Oder er hat die Familie mit zweiundvierzig verlassen. Oder Theos Vater ist mit zweiundvierzig gestorben. Eins von den dreien. Wetten, dass?«

»Gut, wetten wir. Ich lass es Sie wissen.«

»Und der Schnaps geht auf Spesen!«

Willibald Rössle lachte. Sagte:

»Ihr Protestanten seid immer aufs Geld aus! Hat schon der Max Weber gewusst: ›Die protestantische Ethik und der Geist des Kapitalismus‹.«

»Von irgendwas muss man ja leben …«

Willibald Rössle lachte wieder. Sagte:

»Es wird Zeit, dass ich mich aus dem Staub mach.«

Wir tauschten die Handynummern aus.

Er sagte:

»Nur mir berichten. Keinem anderen. Hoch vertraulich. Und vorerst nur mündlich und persönlich. Kein Schriftverkehr. Ich will wissen, was war, aber niemand darf es erfahren.«

»Warum nicht?«

»Wir haben schon ausreichend Ärger. Wir können keine öffentliche Untersuchung des Falles Amadagio brauchen. Wir haben genug schlechte Presse.«

Er langte noch mal in den Rucksack. Er legte einen Umschlag zwischen uns. Sagte:

»Apropos Kapitalismus. Hier ist das Kapital: erste Rate. Zehn-tausend. Die zweite kommt, wenn Sie den Fall gelöst und mir alles erzählt haben.«

Ich steckte den Umschlag ein.

»Wollen S' nicht nachzählen?«, fragte er.

»Einem Gauner wie Ihnen trau ich. Außerdem ist mir Geld wurscht«, log ich.

»Dann können wir ja die zweite Rate vergessen.«

»So wurscht auch wieder nicht!«

»Also, pfüad Gott.«

»Pfüad Gott. Jetzt mach ich einen schönen Mittagschlaf, und dann fang ich gleich mit der Arbeit an. Und Sie?«

»Ich fahr nach Kempten, und dann nach Augsburg.«

»Haben Sie eigentlich Familie, oder Kinder?«

»Ich bin katholischer Priester«, sagte er.

»Das beantwortet meine Frage nicht.«

Er lächelte verschmitzt.

»Doch.«

So unsympathisch war er auch wieder nicht. Er war ein Kirchengauner, aber ein netter. Mit Humor. Nicht ganz verloren, wenn er Humor hat, dachte ich. Wer Humor hat, ist zu retten. Humor ist die Religion der Erlösten. Mal gelesen.

Ich sah ihn den Berg hinabwandern. Kurz bevor er außer Sichtweite war, drehte er sich um und winkte.

Ich winkte zurück.

Ich hatte eine Idee. Aber die konnte ich erst umsetzen, wenn ich wieder einigermaßen nüchtern war und es dunkel wurde.

Näher, mein Gott, zu dir!

Um sechs Uhr abends wachte ich wieder auf. Langer Mittagschlaf.
Das Handy hatte mich geweckt.
SMS.
»B trifft zu. Theos Vater hat Familie mit zweiundvierzig ver-
lassen. Verrückt. WR.«
Armer Bub, der Theo. Vom Vater verlassen. Sein Lebensdrama.
Er hat es nicht gewusst. Dass es sein Lebensdrama wird. Jetzt
verlässt er mit zweiundvierzig das Land der Lebenden.
Ich machte mir einen Espresso.
Irish.
Mit Whiskey. Jameson.
Für den Kreislauf.
Dann suchte ich im Keller des Bauernhauses ein Seil. Ein
Bauernhaus muss ein Seil im Keller haben. Im Keller war eine
Werkstatt. Ich fand ein Seil. Einen Kälberstrick. Er war etwas
dünn, ich war nicht sicher, ob man sich damit erhängen konnte.
Für meinen Zweck war er gut genug.

Die Kirche unten in Tal war abgesperrt.
Verdammt.
Ich dachte, katholische Kirchen sind immer offen.
Ich ging zum »Schwarzen Adler«.
Fragte:
»Wo wohnt der Messner?«
»Der Adolf?«
»Keine Ahnung, wie er heißt. Der Messner eben.«
»Der arme Adolf!«
Warum arm? Wahrscheinlich zahlen sie ihm für den Messner-
Job einen Hungerlohn.
Ich klingelte an seinem Haus. Eine verkommene Hütte. Alle
Häuser in Tal waren neu. Wahrscheinlich gab es eine EU-Sub-
vention für Renovierungen von versifften Bauernhütten. Und
wahrscheinlich hatte er es nicht geschafft, das Formular auszu-

füllen und nach Brüssel zu schicken. Der Adolf. Oder sie hatten es abgelehnt. Wenn einer schon Adolf heißt.

Die Tür öffnete sich einen Spalt.

Ich schaute in ein Gesicht, das vom Tod gezeichnet war. Er musste Krebs haben. In den letzten zwanzig Jahren meines Berufslebens hatte ich Leute gesehen, die Krebs hatten, und da entwickelt man einen Blick, erstens für Krebs, zweitens für unheilbar. Beides traf zu. Er konnte dreißig sein oder vierzig oder sechzig oder sonst was. Er war jenseits jeden Alters. Hinüber. Jetzt erinnerte ich mich: Es war der Wichtel, der letzten Sonntag den Taler Thesenanschlag mit Filzstift an die Kirchentür gehämmert hatte: »Wegen Todesfall geschlossen«.

Der Prostata-Adolf.

»Entschuldigen Sie«, sagte ich, »sind Sie der Messner?«

»Ja, warum?«

»Ich muss dringend in die Kirche. Können Sie mir aufsperren oder den Schlüssel geben?«

»Was wollen S' denn in der Kirch?«

»Was schauen.«

»Das geht nicht.«

»Das geht schon. Ich komm vom Bistum.«

Ich hielt ihm meinen Ausweis vor die wächserne Krebsnase. Einen von den dreien.

»Ah, jetzt erinner ich mich. Sie waren letzten Sonntag da, wo … das Unglück war. Von der Notfallseelsorge. Sie haben sich um die Olivia Obholzer vom Chor gekümmert. Wie geht's ihr denn?«

Was kümmert mich die Olivia Obholzer?, dachte ich, die graue Fregatte. Ich sagte:

»Es geht schon wieder.«

Ist nie verkehrt.

»Hat sie was gesagt?«

»Was soll sie gesagt haben?«

»Warum sie umgefallen ist.«

»Weil sie ohnmächtig geworden ist. Bewusstlos.«

»Und warum?«

»Wenn man bewusstlos ist, weiß man ja nichts mehr. Das ist das Problem. Ein Trauma.«

»Ja, die hat immer geträumt, die Obholzer … Es kommt ja ein neuer Organist.«

»Ach so. Warum? Kommt die Obholzer nimmer?«

»Man sagt, sie soll einen Nervenzusammenbruch haben … sie sei in einer Nervenheilanstalt.«

»In Kaufbeuren?«

»Nein, weiter weg … im Ausland.«

»Wo?«

»Keine Ahnung.«

Seltsam. Dachte ich. Ich sagte:

»Also, geben S' mir jetzt den Schlüssel?«

»Ich sperr selber auf!«

Wir gingen in die Kirche. Er wollte mir zuschauen, was ich mache. Ich wollte ihn loshaben, sagte:

»Ich komm schon zurecht. Gehen S' jetzt wieder heim.«

»Ich kann Ihnen behilflich sein.«

»Ich muss allein sein. Spirituelle Übung. Meditation. Geisterbeschwörung. Sie verstehen: den Geist des Toten …«

Er bekam große Augen.

»Ja, ich geh schon.«

»Ach, übrigens«, sagte ich, als er schon an der Tür war, »Sie haben dem Pater Theo seinen Abschiedsbrief gefunden, glaub ich.«

»Ja.«

»Wo?«

»In der Sakristei. Er ist auf dem kleinen Tisch gelegen.«

»Wann?«

»Ja, halt wie die Sanitäter da waren, und die Notärztin, da hab ich den Zettel auf dem Tisch liegen sehen.«

»Es war ein Briefumschlag?«

»Nein, es war ein Zettel. Mit Maschine geschrieben.«

»Und was stand drauf?«

»Ja, dass er halt Schluss macht.«

»Und wo ist der Zettel jetzt?«

»Die Notärztin hat ihn mitgenommen, sie hat gesagt, sie braucht ihn.«

»Wann haben Sie denn den Pater Theo zum letzten Mal lebend gesehen?«

»Am Samstagnachmittag. Gegen Abend. Da hat er in der Sakristei was hergerichtet für Sonntag, dann hat er gesagt, ich kann heimgehen, er macht schon alles fertig, und ich brauch erst am nächsten Morgen zur Messe wiederkommen. Das war mir ganz recht. Weil wir haben Samstagabend noch Schafkopf gespielt, und da wird es immer später und man trinkt halt was …«

»Und dann, am Sonntag?«

»Da hab ich ihn nicht mehr gesehen. Ich geh immer erst um halb neun die Kirche aufsperren, weil ich alles am Samstagabend schon fertig mach für die Messe. Aber die Obholzer war an dem Sonntag ja schon so ewig früh da, die kommt sonst auch erst um halb neun rum. Die blöde … Den Pater Theo hab ich nur unterm Leintuch gesehen, wie ihn die Sanitäter herausgetragen haben.«

»Und wissen Sie, an was er gestorben ist?«

»Herzinfarkt, sagt man. Er hat halt zu viel gearbeitet, unser Hochwürden.«

»Ah so … Also gut, ich mach jetzt meine … ah … Meditation. Und wenn ich fertig bin, sperr ich die Kirche ab und bring Ihnen die Schlüssel rüber ins Haus.«

»Hm.«

Ich wusste nicht, ob »Hm« ja oder nein hieß. Jedenfalls verschwand er.

Es war dämmrig, halb dunkel, halb hell.

Ich suchte nach einer Leiter. Irgendwo musste eine Leiter liegen, damit sie die Lampen an der Decke überm Alter auswechseln konnten, und überhaupt. Ich suchte eine Viertelstunde und fand dann eine Klappleiter aus Alu auf der Empore bei der Orgel. Ich schleppte sie runter in den Altarraum. Da heißt es immer, Alu sei leicht. Ich war froh, dass ich jeden Tag Liegestützen und Klimmzüge machte. Trotzdem schwitzte ich wie eine Sau, als ich sie aufgestellt hatte.

Die Kirche war so ähnlich wie die Wieskirch, fast gleich. Barock. Gold. Pomp. Der Altar war neu. Er sah aus wie der Waschtisch in der Waschküche meiner Oma oder wie ein Wickeltisch am Franz-Josef-Strauß-Flughafen in München, so ein Teil, das seit dem Zweiten Vatikanischen Konzil in allen Kirchen im Weg steht. Darüber hing ein großes Kreuz aus Holz, zweite Hälfte 20. Jahrhundert, mit einem großen holzgeschnitzten Christus. Es passte nicht ins barocke Ambiente. An dem Kreuz hatte er also gehangen. Der Theo. Falls die Obholzer keine Halluzinationen gehabt hat.

Ich dachte, ich versuche mal, mich selber aufzuhängen. Dann kriege ich ein Gefühl dafür, wie das so zugegangen sein könnte.

Ich stellte die Leiter auf, nahm meinen Strick und stieg vorsichtig Sprosse um Sprosse hinauf.

Es wurde langsam dunkel, aber ich wollte kein Licht anschalten. Zuschauer waren das Letzte, was ich brauchen konnte. Die Leiter wackelte wie ein Kuhschwanz. Scheiße, da brauch ich mich nicht aufzuhängen, wenn ich Pech habe, haut es mich da runter und ich brech mir das Genick.

Ich stand auf der letzten Stufe der Leiter. Ich reichte dem Christus gerade bis an die Brust. Ich hielt mich mit beiden Händen an seinem Korpus fest, sonst wäre ich runtergefallen. Der Christus war zu hoch, die Leiter war zu kurz. Ich hätte eine dritte Hand gebraucht, um mir das Seil um den Hals zu legen, und selbst wenn ich das Seil schon um den Hals hätte, dachte ich, hätte ich keine Hand mehr frei, um es oberhalb vom Christus oder auch um seinen Hals zu befestigen.

Das alles dachte ich, als ich an der Brust des Christus hing, gestützt von der wackeligen Leiter, die zu kurz war. Ich probierte noch einmal, ob ich für das Seil einen Aufhänger finden könnte. Ich streckte mich noch mehr, so sehr, dass ich nicht hörte, wie eine Tür im Dunkeln ging, die Schritte nicht hörte, die leise und behände durch das Kirchenschiff huschten.

Nein, nichts von dem hörte ich, so angestrengt suchte ich da oben nach einem Aufhänger. Dann ging ein Ruck durch die Leiter, und durch meinen Körper. In einem Reflex umschlang ich den Christuskörper ganz fest, die Leiter kippte unter meinen Beinen weg. Sie zappelten in der kalten Weihrauchluft. Die Leiter schlug mit einem Donnerkrach auf den Boden, eine Tür fiel ins Schloss, es war fast finster, ich klammerte mich an meinen Heiland, um nicht in die Tiefe zu stürzen und auf dem steinernen

Boden des Altarraumes zu zerschellen. Ich klammerte und dachte nur eines:

Festhalten.

Durchhalten.

Festhalten.

Durchhalten.

Instinktiv hatten sich meine zappelnden Beine um den Christuskörper geschlungen. Wie einer von Harlows Affen an der Drahtgestellmutter, so hing ich am Kruzifix.

Ich dachte:

Ich muss wieder denken.

Ich muss hier runter.

Heil.

Ich muss dem Typen nach, der mir die Leiter unterm Hintern weggetreten hat.

Ich muss ihn umbringen.

Aber zuerst, sagte ich mir, musst du deinen Arsch in Sicherheit bringen. Zu Boden.

»Kruzifix«, sagte ich laut.

Als hätte ER mich gehört, spürte ich einen Halt unter meinen Füßen.

Das Lendentuch. Aus Holz geschnitzt.

Gott sei gedankt für das Lendentuch.

Was, wenn sie dem Christus kein Lendentuch umgetan hätten?

Dann wäre ich an ihm runtergerutscht und auf den Steinboden geknallt und hätte mir alle Knochen gebrochen mitsamt den Schädelknochen. Schädelbasisbruch. Huch.

Zentimeter für Zentimeter rutschte ich dem geschnitzten Heiland die Brust runter, stützte mich mit den Füßen am Lendentuch auf.

Früher, so hatte ich gelesen, gab es Kruzifixe ohne Lendentuch. Dafür mit Erektion. Sterbende haben oft einen Ständer, wenn sie sterben. Die Männer. Typisch. Überflüssiges Wissen, jetzt fiel es mir wieder ein. Die späteren Kruzifixe haben dann alle ein Lendentuch gekriegt. Ein Lendentuch ist der Anbetung dienlicher als eine Erektion. Obwohl. Wer weiß?!

Jedenfalls war er mir dienlicher. Der Lendenschurz.

Der Ständer wäre abgebrochen wie die Sprosse einer Leiter.

Sojasprossen. Bambussprossen.

Gut, dass ich keine gegessen habe.

Sonst hätte ich den EHEC-Virus.

Scheißerei.

Aber dann hinge ich nicht am Kreuz, sondern am Klo.

Der schmale Messner mit der spitzen Wachsnase im Gesicht fiel mir ein.

Adolf.

Adolf ohne Bärtchen.

Erstaunlich, was einem einfällt, wenn man am Lendenschurz des HERRN hängt.

Echt fruchtbar.

Der weitere Abstieg war etwas einfacher, weil die Schenkel vom Christus nur halb so schmal waren wie sein Brustkorb und deshalb doppelt so gut zum Umgreifen.

Ich, Emil, Harlow-Affe, war wirklich ein Aff.

Beschimpfte mich:

Du Aff!

Warum musst du den Auftrag auch annehmen?

Antwort: Weil du musst. Die Sau hat dich erpresst.

Gegenrede: Aber du musst nicht die Kruzifixe in Kirchen dafür hochklettern!

Der Christus schwieg verständnisvoll.

Er fing jetzt, wo ich weiter runterkam in die Gegend seiner Kniescheiben, an zu schwingen. Er war mit zwei Stahlseilen oben am Dach befestigt.

Keine Gefahr, dass das Kreuz runterfiel, aber es kam ins Schwingen.

Vor und zurück.

Swing … swing … swing … everybody starts to swing …

Ich spürte mit meinen Füßen die Heilandsfüße.

Ein dicker Nagel darin gab Halt.

Aber unter den Füßen, seinen und meinen, war der Abgrund.

Ich dachte: Ich muss mich so tief wie möglich am Heiland halten, und dann einfach runterspringen.

Loslassen,

fallen,

aufkommen,

abrollen.

Wie hoch hing er?

Ich erinnerte mich, wie ich ein paarmal in der Messe saß. Die Männer heimlich beobachtete, wie sie sich bekreuzigten, mit drei kleinen Kreuzen an Stirn, Herz, links, rechts.

Eigenartig.

Nicht einfach Stirn, Herz, links, rechts.

Jedes Mal dreimal Stirn, dreimal Herz, dreimal links, dreimal rechts.

Man muss das üben.

Ich musste mich mit der Einfach-Version begnügen.

Sie wussten sowieso, dass ich ein Fremder war. Mein Kniefall war laienhaft. Wie ein Tölpel. Als Protestant fällt man nicht auf die Knie. Höchstens auf die Schnauze.

Wie weit oben bin ich?

Von wie hoch kann ich springen, ohne mir was zu brechen?

Als Bub konnte ich von hohen Mauern springen. Ich spielte Fußball und war nie verletzt. Ich hatte gute Gelenke und starke Bänder. Vorigen Monat war ich noch einen Marathon gelaufen. War das mein letzter gewesen?

Auf einmal erfasste mich die Panik.

Wenn ich da runterspring und spring mir die Fußgelenke kaputt – dann ist's aus mit Marathon.

Dann war der letzte Marathon im April wirklich mein letzter Marathon gewesen. Endlauf.

Angst und Wut stiegen in mir auf.

Als wäre der Marathon mein Leben.

War er auch.

Ohne die Marathons mit den Füßen hätte ich die Marathons im Kopf nicht geschafft.

Die Promotion. Sechs Jahre Marathon. Jeden Tag zwei Stunden für die Dissertation abzwacken, dann für das Rigorosum. Zehn Jahre Analyse-Ausbildung. Ungezählte, aber dafür hochbezahlte Stunden auf der Couch. Oh Gott, war das weich. Ich wollte, ich hätte eine Couch unter mir!

Ich zwang mich aus der Wutnostalgie heraus.

Denk!, herrschte ich mich an.

Ich dachte:

Ich muss von unten nach oben denken.

Unten steht ein Mensch.

Der Priester. Der Durchschnittspriester.

Eins achtzig groß. Sagen wir zwei Meter. Mit Aura.

Das Kruzifix muss mindestens so hoch hängen, dass er sich die geweihte Birne nicht anstößt wie ein Lastwagen in der Unterführung.

Sagen wir zwei Meter fünfzig.

Vom Ende vom Kreuz bis zu den Christusfüßen, die auf einem kleinen Podest standen, auf dem ich jetzt auch stand, vielleicht noch mal ein halber Meter.

Macht drei Meter.

Ich sah vor mir ein Drei-Meter-Sprungbrett im Freibad.

Die Mutprobe als Bub im Augsburger Familienbad: Trau ich mich, kopfüber vom Dreier ins Wasser zu springen?

Die weniger Mutigen machten eine Arschbombe.

Die Mutigen einen Hecht.

Was mach ich jetzt?

Ich muss mich so weit nach unten hieven, wie es irgendwie geht, dann loslassen und mit den Beinen abfedern und sofort abrollen.

Ob die Bewegung noch drin ist?

Kann der Körper einen Bewegungsablauf fünfzig Jahre lang und länger speichern? Ja, kann er. Schwimmen verlernt man nicht. Radfahren verlernt man nicht. Vögeln verlernt man nicht.

Das mit dem Vögeln, dachte ich, hätte ich nicht denken müssen, sorry, Christus, ich bin ja schon wieder brav. Wenn ich ein braver Bub bin, rettest du mich, oder nicht?

Scheiße, was die Angst aus einem macht. Ein betendes Äffchen. Brav. Ich will's nie wieder tun. Ich wurde wütend auf Christus, konnte es mir aber nicht wirklich leisten.

Der Konflikt ist für die Couch.

Jetzt geht's ums Überleben!

Denk!

Ich dachte: Drei Meter plus x vom Fußende vom Kreuz bis zum Boden. Ich häng aber an den Füßen, die mindestens fünfzig Zentimeter oberhalb vom Fußende sind. Also drei Meter fünfzig. Ich bin eins fünfundsiebzig groß. Inzwischen vielleicht eins vierundsiebzig oder eins dreiundsiebzig wegen des Alters und der vielen Marathons. Sagen wir eins siebzig. Drei fuchzig minus eins siebzig wäre die Fallhöhe. Ich war schon immer schwach im Kopfrechnen gewesen. Jetzt konnte ich nicht einmal die Finger zu Hilfe nehmen.

Drei fuchzig minus ein Meter ist zwei fuchzig. Minus siebzig Zentimeter ist – ist weniger als zwei Meter.

Sagen wir: knappe zwei Meter.

Das ist wenig!

Das ist machbar!

Eine Mauer von knapp zwei Metern – früher hätte ich es locker geschafft. Da war ich auch noch ein Dutzend Kilo leichter und ein paar Jahrzehnte frischer.

Ich ließ mich langsam hinab.

Ich hing mit den Händen an den Zehen vom Christus. Zum Glück steckten große Nägel in seinen Füßen. Ich griff danach. Sie waren besser zum Festhalten als die Zehen. Wie praktisch.

Die Nägel waren der tiefstmögliche Punkt.

Ich musste mich an den Nägeln festhalten.

Ein paar Sekunden.

Mehr ging nicht.

Ich hielt mich an den Nägeln fest.

Ein paar Sekunden.

Swing … swing … swing …

Jetzt!

Ich machte mich lang, so lang ich mit meinen kurzen eins dreiundsiebzig bis eins fünfundsiebzig konnte, damit der Abstand zwischen meinen Zehen und dem Steinboden so klein wie möglich wurde.

Es war inzwischen so finster, dass ich den Steinboden nicht mehr sah.

Ich musste ins Schwarze springen.

Ich musste mich fallen lassen, und bei der allerersten Bodenberührung, ja schon vorher, voll gespannt sein, um den Fall abzufedern und ins Abrollen zu wechseln.

Ich musste sein wie ein Bub mit zwölf oder dreizehn beim Baden und beim Fußballen.

Ja, ich war ein Bub. Einer mit sooo viel Angst.

»Lieber Gott! … Noch einmal … nur noch einmal … bittschön!«

Ich ließ los.

Ich fiel nur einen Augenblick durch eine Ewigkeit.

Loslassen,

fallen,

aufkommen,

abrollen.

Dann lag ich in der Nacht auf dem Steinboden der Kirche von Tal.

Keine Schmerzen.

Das ist der Schock!

Ich konnte meine rechte Hand spüren. Die Finger bewegen.

Die linke. Spüren. Finger bewegen.

Kopf abtasten.

Trocken. Kein Blut.

Ich zwicke meinen Hintern zusammen.

Oh Gott, nicht querschnittsgelähmt. Wenigstens nicht bis zum Arsch.

Ich zog meine Beine hoch. Ging auch.

Ich bewegte meine Knöchel.

Ich spürte meine Zehen.

Ich sackte wieder auf den Boden.

Ich heulte hemmungslos wie ein kleines Kind.

Jesus wept.

Die Tränen ebbten ab.

Die Flut kam.

Die Flut von Wut.

Ich rappelte mich auf.

Ich schrie aus voller Lunge:

»Du Sau, wo bist du! Ich bring dich um! Ich bring dich um!«

Sprich nur ein Wort, so wird meine Seele gesund.

Ich schrie es wie eine wilde Litanei:

»Ich bring dich um! Ich bring dich um, du Sau, du dreckige!
Ich bring dich um!«

Wenn ich nicht geschrien hätte, wäre ich geplatzt. Hätte eine
Hirnblutung erlitten. Wie meine Mutter. Die Stammganglien.

Sie war nicht in einer dunklen Kirche von einem schwingen-
den Kruzifix gefallen. Mit fünfundachtzig fällt man nicht mehr
so tief.

Sie lag im Pflegeheim.

Mit eingebluteten Stammganglien.

Gut, dass sie nicht wusste, was ich hier anstellte.

Aber sie wusste ohnehin nichts mehr.

Endlich sorgenfrei.

Hoffte ich.

Die Tür ging auf, der Messner Adolf stand da, schaltete das
Licht an:

»Was ist denn los? Was plärren Sie denn so?«

»Ich bring dich um, du scheinheilige Sau, du scheinheilige!
Hast du mir die Leiter unterm Arsch weggestoßen?!«

»Was, wie?«

»So eine Sau hat mich umbringen wollen. Ich häng da oben
am Kruzifix und der stößt mir die Leiter weg!«

»Was haben S' denn da oben wollen, am Kruzifix?«

»Mich aufhängen!«

»Nein! So wie der Pfarrer. Das geht doch ...«

»Hast du die Leiter weggestoßen?«

Ich war so wütend, dass ich unbemerkt zum Du übergegangen
war.

»Du hast an Vogel hast du!«

Er war auch beim Du.

Vertrauensvoll.

»Ich war beim Fernsehen, neben meiner Frau gesessen. Frag s'
doch. Bis ich das Geplärre aus der Kirche gehört hab. War lauter
als die ›Tagesschau‹. Dann hab ich mir gedacht: Jetzt schaust
einmal, was da los ist.«

Er legte die Leiter wieder zusammen, das Aludreieck wurde
eine Gerade.

Er sagte:

»Zum Glück hat es der Leiter nichts gemacht. Nicht ein Kratzer!«

Allgäuer Trost. Nichts für Wehleidige.

Ich fasste mit an.

»Da nauf auf die Empore«, sagte er.

»Ich weiß«, sagte ich.

Er war nur ein Strich in der Landschaft, er packte die Leiter, aber er schaffte es kaum. Ich packte die Leiter, stemmte sie auf die Empore, warf sie hin, dass es schepperte. Tat das gut!

»Hast du eine Idee, wer mir da die Leiter unter den Füßen wegzieht?«

»Keine Ahnung. Vielleicht hast du es dir nur eingebildet.«

»Ich hab mir nicht eingebildet, dass ich da oben häng. Ohne Leiter. Es war wer.«

»Ich war bei meiner Alten gesessen.«

»Schon recht. Ich geh jetzt wieder«, sagte ich.

Die Kirchentür knarrte. Im Rahmen stand eine junge Frau, schimpfte: »Wann kommst jetzt endlich? Das Essen wird ja kalt.«

Blond. Füllig. Sexy.

Der Adolf sagte unwirsch:

»Meine Frau, die Johanna …«

Ich sagte: »Entschuldigen Sie, ich halt Ihren Mann vom Essen ab. Ich bin schon weg.«

Sie schaute mich einen Augenblick misstrauisch an, sagte nichts, verschwand wieder.

Schade.

Adolf hob den Strick vom Boden auf.

»Da, der Strick. Vergiss ihn nicht. Wär schad drum.«

»Ja, dankschön. Kann man immer brauchen.«

»Pfüad Gott.«

»Pfüad di!«

Da stand ich. Zwischen den Gräbern vor der Kirche mit meinem Kälberstrick in der Hand.

Die Knie zitterten.

Die Luft schlug zu wie nach einer Sauferei in der Wirtschaft, wenn man hinaus in die klare Nacht tritt.

Als ich noch jung war, Junglehrer, gab es einen Betriebsausflug zum Oktoberfest. Den Nachmittag im Zelt durchsaufen,
den Abend weiter, bis sie dichtmachten – und dann die frische
Luft wie ein Hammer. Ich schlief auf einer Bank im S-Bahnhof
ein. Versäumte einen Zug. Nickte wieder ein. Versäumte den
nächsten. Den letzten kriegte ich. Endstation. Park and Ride.
Ich ans Steuer. Zu besoffen zum Gehen. Mit Schwung in die
Tiefgarage. Hops. Was war denn das? Wer hat da gegen meinen
VW Käfer getreten? Kotflügel im Arsch.

So viel zum Segen der frischen Luft.

Ich wankte auf meinen zittrigen Knien aus dem Friedhof hinaus. Meine verheulten Augen sahen das Neonlicht im »Schwarzen
Adler«.

Ich bin das Licht der Welt.

Stimmt.

*Wer mir nachfolgt, wird nicht im Dunkeln wandeln, sondern das
Licht des Lebens haben.*

Flashback: Wir fahren durch die Nacht Australiens nach Coober Pedy. Einziges Auto weit und breit. Schotterstraße. Eine
Schraube war schon aus dem Lenkrad gefallen. Die Kühlerhaube
nach oben gerissen und mit Stricken befestigt. Nachts im Busch.
Angst. Was, wenn das Auto kaputtgeht? Dann ein Licht. Ein
echtes Licht. Coober Pedy. Die Opal-Stadt *in the middle of nowhere.*

Ich bin das Licht der Welt.

In der Gaststube vom »Schwarzen Adler« lief der Fernseher.
Licht der Welt. Am runden Familientisch saßen ein Mann und
eine Frau, vielleicht Bekannte der Wirtin, vielleicht Feriengäste,
solange sie nichts redeten, konnte man das nicht unterscheiden.

Sie grüßte mich freundlich wie immer. Die Wirtin. Maria.
Ave Maria. Ich konnte jedes freundliche Geschau brauchen.

Ich ließ mich an dem Tisch in der hintersten Ecke nieder.

»Zwei Bier und zwei Schnaps.«

»Kommt noch jemand?«, fragte sie.

»Ja, hoffentlich. Mein Geist.«

Sie lachte. Mir zuliebe. Ich sah, sie dachte, ich bin übergeschnappt.

Sie brachte zwei Bier und zwei Schnaps.

»Noch ein Kalb in den Stall geführt?«, fragte sie.

»Warum?«

»Weil Sie einen Kälberstrick dabeihaben.«

Ich hielt den Strick noch immer in der Hand.

»Ja«, sagte ich, »der ist für die Rindviecher. Zum Aufhängen.«

Sie lächelte wieder. Ging. Schnell.

Ich schüttete den Schnaps rein.

Oh wie ist das schön!

Oh wie brennst du schön! *So was hat man lange nicht gesehn so schön, so schön.*

Ich brannte mit dem zweiten Schnaps nach.

Löschte mit Bier.

Sogar das Flaschenbier schmeckte frisch wie Manna.

Du schenkest mir voll ein.

Stimmt. Übervoll. Das Maß war voll.

Der Fernseher machte eine kurze Unterbrechung, oder war ihnen bei der Sex-Szene die Luft ausgegangen? Eine halbe Sekunde Stille.

»Noch mal!«, rief ich in den tonlosen Raum hinein.

Die Wirtin kam.

Der Fernseher blökte weiter.

»Noch mal das Gleiche.«

Sie schaute.

Sie brachte.

»Alles in Ordnung?«

»Alles in Ordnung!«

Irgendwas war nicht in Ordnung. Irgendwas mit dem Adolf. An einer Stelle in unserer gepflegten Unterhaltung hatte was nicht gestimmt. Aber an welcher Stelle? Und warum? Je mehr ich es herbeizwingen wollte, desto mehr verflüchtigte es sich.

Auf dem Weg hinauf zur Alm fand ich meinen eigenen Schritt wieder. Ich hielt mich an meinem Strick fest. Ich brauchte einen Halt.

Vier Biere und vier Schnäpse hatten meine Seele wieder ins Gleichgewicht gebracht, mein Körper wankte wohlig.

Eigentlich ein Erfolg, ging mir durch den Kopf.

Ich blickte auf die Lichter, die immer heller unter mir funkelten. Der See. Die Kirche. Die Bauernhäuser.

Ein Erfolg.

Ein Doppelerfolg.

Zwei Erkenntnisse, dachte ich bergauf. Doppelpunkt: Ich, der wiedergeborene Wissenschaftler. Dr. phil. Emil Bär. Dem Kreuz entsprungen. Wieder beim Denken. Wo waren wir stehen geblieben? Ach ja, Doppelpunkt:

Wenn ich scharf denke, diktiere ich immer ins Diktiergerät. Manchmal diktiere ich auch, wenn ich telefoniere und vergesse, dass am anderen Ende kein Anrufbeantworter sitzt. Am peinlichsten finde ich es, wenn ich mit jemandem rede und diktiere. Aber außer mir auf dem Teerweg und den Kühen auf den Wiesen war niemand da. Also:

Erstens: Der Theo kann sich nicht aufgehängt haben. Die Leiter ist zu kurz.

Absatz.

Zweitens: Jemand will, dass ich auf die Schnauze falle. Für immer.

Absatz.

Kombiniere: Der, wo mir die Leiter weggetreten hat, will verhindern, dass ich draufkomme, wie der Theo da hinaufgekommen ist. Und warum will er nicht, dass ich draufkomme? Ja, warum wohl?!

Und dann war da noch etwas, ich kam nicht drauf …

Auf einmal blieb ich stehen. Wie vom Donner gerührt. Total nüchtern.

Nachtmaht

Die Erkenntnis traf mich wie ein Holzhammer: Ich bin in Lebensgefahr.

Entweder ich stelle meine Schnüffelei ein, oder ich werd umgebracht.

So einfach ist das.

So einfach und doch so ergreifend.

Wenn der Leitertreter weiß, dass ich lebe und auch noch an einem Stück bin und weiter in der Sache herumschnüffle, wird er noch mal zuschlagen. Wahrscheinlich. Sicher. Todsicher.

Soll ich die Sache an den Nagel hängen?

Abreisen?

Wohin?

Zurück?

Bin ich Frau Lot?

Wer die Hand an den Pflug legt und blickt zurück ...

Meine biblischen Besinnungen wurden jäh unterbrochen.

Ein Dröhnen erhob sich hinter mir.

Ein Lärmsturm.

Kamen Tiefflieger?

Aus Landsberg am Lech?

Nachtübung?

Ich schaute mich um.

Schaue in gleißendes Scheinwerferlicht. Wie die Flutlichtanlage im Rosenaustadion in Augsburg. Auf dem Asphaltweg. Hinter mir. Röhrt näher. Wird nicht langsamer, wird schneller. Es dröhnt wie drei Müllautos. Dreihundert PS. Eine von den Landmaschinen zum Nachtmähen. Sie wird mich ummähen.

Es wird eng.

Hinter mir das Dreihundert-PS-Höllending.

Der gestirnte Himmel über mir.

Das moralische Gesetz in mir: Lauf!

Der Drahtzaun von der Kuhweide neben mir.

Ich renne.

Dreihundert PS sind schneller als ich.

Es röhrt heran. Eine breite Maschine. Das Sichelmähwerk am Heck ausgefahren. Metallisches Sch-sch-sch mit einem Puls von hundertachtzig.

Es braucht die ganze enge Straße. Kein Hase kommt da dran vorbei.

Ich bin ein Hase.

Kein Haar hat da mehr Platz.

Ich bin ein Haar.

Der gigantische Rasierapparat sch-sch-scht hinter mir.

Ich stürze mich mit einem Hechtsprung über den Stacheldrahtzaun.

Gerettet!

Die Monstermähmaschine verschwindet. Ich erahne eine Gestalt am Steuer, von hinten, die langen Haare heben sich wie wehende Schatten gegen das Scheinwerferlicht ab. Der Teufel!

Ich liege im Gras. Es ist feucht vom Tau. Weich. Soft. Liege wie das Kind in der Krippe. Hoffentlich schlafen die Kühe. Ich mag Kühe, aber nur mit Zaun dazwischen.

Der wollte mich umbringen!

Ich kotze ins Gras.

Vier Biere und vier Schnäpse. Schad drum. Zum Glück hab ich nichts gegessen.

Das Gras ist weich. Ich bin gut gefallen. Zum zweiten Mal heute Abend. Wird es ein drittes Mal geben?

Mein Ohr fängt an zu toben. Ich lange hin. Spüre was Warmes. Schweiß. Nein. Schweiß sprudelt nicht so. Es pappt. Im fahlen Mondlicht sehe ich, dass das Nasse an meinen Fingern dunkel ist. Blut. Schlecke an meinem Finger. Tatsächlich. Schmeckt nach Blut.

Ich muss mich beim Sprung über den Stacheldrahtzaun aufgerissen haben. Der Hemdkragen ist tropfnass. Nicht vom Schweiß.

Ich rapple mich auf.

Das Dreihundert-PS-Monster hat mich an der Stelle erwischt, wo der Weg zur Alm am steilsten und engsten ist. Damit ich nicht auskomm. Ich hab noch fünfhundert Meter bis zu meiner Alm. Das Ungeheuer dröhnt irgendwo in den sanften Hängen davon.

War der Fahrer der Gleiche wie der Kerl in der Kirche, der die Leiter unter mir weggestoßen hat?

Ich erschrecke über das, was ich im Spiegel sehe. Ein Gespenst schaut mich an. Aschfahl. Schmerzverzerrt. Auf der rechten Seite Blut. Nein, auf der linken. Nein ... ist auch egal, mit dem Scheißspiegel, spiegelverkehrt oder nicht ... man sieht sich im Spiegel immer spiegelverkehrt, rechts ist links und links ist rechts, eine verkehrte Welt, jedenfalls ist es verkehrt, dass ich nachts um zehn blutig vorm Spiegel stehe. Vom Ohr strömt es immer noch auf die Schulter. Die rechte. Im Spiegel die linke. Ich blute wie ein Schwein.

Das Ohr ist angerissen.

Der Schmerz im Riss macht mich halb wahnsinnig.

Wenn ein rostiges Teil die Wunde aufgerissen hat ... Infektion ... Wundstarrkrampf ... Tetanus.

Wann bin ich zuletzt geimpft worden?

Bin ich überhaupt geimpft worden?

Ja. In der Schule. Wie jeder.

Aber das wirkt nicht mehr. Ein paar Jahre her.

So wenig wie die vier Biere und die vier Schnäpse wirken. Sind völlig weg. Verdunstet. Verblutet. Verkotzt.

Ich hab eine grandiose Idee.

Ich fahr nach Kempten. Klinik. Unfallambulanz.

Anschauen lassen.

Nähen lassen.

Impfen lassen.

Wenn es Tag wäre, wäre mir das alles wurscht.

Jetzt ist es Nacht. Ich will nicht hierbleiben. In der Ferne röhrt noch der Mähmaschinen-Mörder. Übt wohl für die nächste Runde.

Ich habe Angst.

Ich will raus hier.

Ich werf mir das Handtuch um den Hals, hau die Tür zu, sperr ab, setz mich in meinen Golf und jage den Berg runter, dass die Reifen quietschen, Richtung Kempten.

Action. Anspannung. Autoralley.

Alles ist besser als Angst.

Der Himmel über Kempten hat immer noch einen letzten hellen Widerschein.

Kempten. Klinik.

Zurück in der Klinik.

Klinik ist gleich Sicherheit.

Nicht am Arsch vorbei

Alle Krankenhäuser sind gleich. Deshalb geben sie Sicherheit.
Wie Kathedralen.
Wie McDonald's.
Ich war noch nie im Klinikum Kempten.
Trotzdem fand ich die Unfallambulanz ohne zu fragen.
Todsicher.
Wie damals in Rom. Bion-Kongress im Angelicum. Ich ging
am Tiber entlang. Ein dreckiges Rinnsal. Mein Bauch revoltierte,
etwas war im Mittagessen, was mich nicht wollte.
Ich dachte, mich zerreißt's.
Ein Königreich für ein Klo. In Rom.
Ich las »Ospedale«. Hospital.
Die Rettung.
Es lag gleich ein paar Straßen vom Vatikan weg und den Ne-
gern, die dort Zeug verkaufen.
Vatikan regt Verdauung an.
Ich durfte nicht lachen, sonst wär ein Unglück passiert.
Ich steuerte auf das Ospedale zu.
Hinein.
Keiner hielt mich auf. Ich hatte meinen Krankenhausschritt
drauf.
Da müsste das Klo sein.
Da war es.
Ohhhhhh …!
So dringend war es in der Kemptener Unfallambulanz nicht.
Eine Menge Leute saßen herum.
Verbunden. Aufgeschürft. Bleich.
»Ich hab mich am Ohr verletzt«, sagte ich zu der Schwester an
der Anmeldung. »Und Tetanusimpfung brauch ich wahrschein-
lich auch.«
Sie schaute auf mein vollgeblutetes Handtuch um den Hals.
Nickte.
Sie fragte:

»NameGeburtsdatumBeruf?«

Ich sagte ihr NameGeburtsdatumBeruf:

»Seelsorger.«

Sie schaute mich misstrauisch an.

»Wohnort?«

»Biselalm.«

»Geht da die Post hin?«

»Ja. Täglich. Mit dem Auto. Wenn's nicht zugeschneit ist. Warum?«

»Wegen der Rechnung. Hausarzt?«

»Hab ich keinen.«

»Wie, hab ich keinen? Jeder hat einen Hausarzt.«

»Wirklich? Ich nicht. Ich bin nie krank.«

Sie schaute mich an, als wollte sie mich gleich in die Psychiatrische überweisen.

»Ohne Hausarzt geht's nicht. Wir müssen einen Arztbrief schreiben.«

»Ich bin privat versichert.«

»Ah so?! Das ist was anderes.«

Warum?

Verkniff ich mir. Hauptsache, ich kam dran.

»Bitte warten.«

Sie nickte auf die Stuhlreihen hin.

Ich machte mich auf eine Wartezeit von zwei bis drei Stunden gefasst.

Ich hatte nichts zum Lesen dabei.

Nichts zum Schreiben.

Nichts.

Ich bin ein schlechter Warter.

Ich schaute mich um.

Allerhand Leute.

Ich könnte die Zeit nutzen und Notizen machen.

So tun, als wäre ich Schriftsteller. Ich habe gelesen, die haben immer ihren Notizblock dabei. Wenn sie einen Einfall haben. Im Kopf. Gleich notieren.

Ich ging noch mal zur Aufnahme.

»Schwester ...«, ich schaute nach dem Namensschild, »Schwester Andrea, entschuldigen Sie, hätten Sie mir einen Zettel und einen Bleistift?«

»Was?!«

Das »Was« klang nach: Nein, so eine Unverschämtheit, wie können Sie nur …

Ich kippte meinen Kopf charmant auf die Seite, setzte mein debiles Seelsorgerlächeln auf, sagte:

»Damit ich Notizen machen kann für die Predigt am Sonntag.«

Sie schaute wie die Kälber auf den Almen, an denen ich immer vorbeijogge.

»Sonntag Trinitatis!«

Sie schüttelte den Kopf, griff nach dem Verlangten und sagte:

»Da, Kugelschreiber und ein Blatt Papier. Zettel und Bleistift gibt's nimmer. Einundzwanzigstes Jahrhundert.«

»Dankschön. Aber die Leut in der Kirch sind meistens aus dem zwanzigsten Jahrhundert. Erste Hälfte zwanzigstes Jahrhundert.«

Ihr Gesicht verzog sich, sie wollte nicht, dass ihr ein Lacher auskommt.

Ich setzte mich, schaute, notierte. Belangloses Zeug. Eigentlich war es völlig wurscht, was ich notierte. Wichtig war: Ich war wieder wer. Ich saß nicht wie die anderen Deppen da, wie auf der Schlachtbank. Ich war der Reporter.

Ich konnte mir schon immer Sachen gut einreden.

»Bär.«

Ich schaute, welcher Bär aufgerufen war; witzig, dass zwei Bären da waren.

»Bär!«, kam es verschärft, als sich kein Bär erhob.

Vielleicht war ich gemeint, aber ich war doch noch gar nicht dran.

Ich stand zögernd auf, ging in die Richtung, aus der gerufen worden war.

»Herr Bär? Emil Bär?«, fragte die Krankenschwester.

Es war eine andere. Nicht die für die Anmeldung. Die für die Behandlung.

Sie schob mich in einen Untersuchungsraum. Ich musste mich auf eine Liege legen. Ich blieb sitzen, auf der Liege, warum sollte ich mich legen, ich hatte ja nichts an den Füßen, sondern am Ohr.

»Die Ärztin kommt gleich.«

Ich dachte, ich krieg einen Schlag, als ich die Ärztin sah.

»Sie?! Sie waren doch am Sonntag … die Notärztin, die mich angemault hat …«

»Der Herr Seelsorger gibt uns die Ehre. Der Herr Bär. Privatpatient ohne Hausarzt.«

»So schnell spricht sich das rum?«

Sie war zwar immer noch scharfzüngig, aber nicht mehr so geschnappig wie am Sonntag. Vielleicht war ihre Regel vorbei.

»Oh, Herr Bär, was haben S' denn da angestellt … Das Ohr … Ja, ja, ich komm schon nicht hin, das tut weh am Ohr, ich weiß.«

Woher wusste sie das? Ihre Ohren waren mit gefälligen blonden glatten Haaren verhangen. Vielleicht hatte sie keine Ohren mehr? War sie auch unter eine Mähmaschine geraten? Sprach sie aus Erfahrung? Sie hatte klare, strenge, aber anmutige Gesichtszüge. Erinnerte mich an jemanden. An wen nur?

Sie sagte zu der Schwester:

»Schwester! Waschen, desinfizieren.«

Zu mir sagte sie:

»Das brennt gleich ein bisschen. Wir reinigen die Wunde, und dann klammern wir das Ohrwatschel wieder hin, nähen braucht's nicht.«

Gott sei Dank.

»Waschen müssen Sie sich dann selber.«

Die Schwester tupfte mir Zeug auf die Wunde.

Ich schrie auf:

»Kruzifix noch amal! Was ist denn des für ein Hurenglump, was ihr da habt's! Brennt wie der Teufel!«

So musste es sein, wenn einem die Ohren abgeschnitten werden.

»Da kann man ja einen Ochs damit kastrieren, Herrgottsakrament!«

»Schon vorbei«, sagte die Schwester.

Die hatte keine Ahnung. Es tobte und pochte. Mein Herz

schlug rasend schnell, und es schlug direkt in meinem Ohr. Wie ein Rockkonzert mit Prügelei.

Die Ärztin kam wieder.

Ihr Namensschild sagte, dass sie auf den Namen Vasthi getauft worden war. »Dr. med. Vasthi Graf«.

Ich dachte: Was für Idioten von Eltern die wohl hat. Einem Kind so einen irren Namen geben. Vasthi!

Ich sagte:

»Hübscher Name, den Sie da tragen. Ihre Frau Mutter war wohl Theologin, Feministin und hieß Esther.«

Ihr fiel der Kinnladen herab. Dann fing sie sich und sagte, wieder schnippisch, typisch vasthianisch:

»Meine Mutter IST Theologin, Feministin und HEISST Esther. Professorin für Feministische Religionswissenschaft, wenn Sie's genau wissen wollen.«

»DIE Professorin Esther Graf von der Uni Konstanz?!«

»Genau die!«

Ich sagte:

»Meine Verehrung!«

Ich dachte: So blöd kann nur eine feministische Theologin sein, ihr Kind Vasthi zu taufen.

Ich sagte:

»Die Vasthi aus dem Buch Esther aus dem Alten Testament hat sich geweigert, vor den besoffenen Saufkumpanen ihres Alten zu tanzen. Obwohl der König war.«

Sie sagte:

»Genau. Das tät den Männern so passen. Nach ihrer Pfeife tanzen.«

Ich sagte:

»Und haben Sie auch einen Vater?«

Sie sagte:

»Bin ich das Christkind?«

Ich lachte. Von wem sie den Humor hatte? Sicher nicht von ihrer Mutter.

»Sie sind nicht das Christkind, aber immerhin können Sie mein Ohr heilen.«

»Ja, ich hefte es jetzt zusammen. Zwei Klammern. Sieht dann

aus wie Piercing. Brauchen S' eine örtliche Betäubung? Sonst tut's ein bisschen weh.«

Ein bisschen weh wie die Desinfektion.

»Nein, brauch ich nicht. Ich halt das schon aus. Schlimmer kommt's nimmer. Ich denk an meine Nachbarin.«

»Wieso?«

»Die hat auch ein Piercing. Die hat das auch aushalten müssen. An ihrer Wampe.«

»Wo?«

»Am Bauch. Bauchnabel.«

Dr. med. Vasthi Graf lachte.

Ich war erstaunt. Dass sie das auch konnte.

»Wie ist denn das passiert?«, fragte sie, und machte ein Gerät fertig, das aussah wie der Hefter auf meinem Schreibtisch. »Sind S' in eine Schlägerei hineingeraten?«

»Nein, ich schlage mich nicht. Nie. Ich kann schnell laufen. Von früher her noch. Fußball. Nein, ich bin in keine Schlägerei hineingeraten. In was anderes. Ich war heut Abend im ›Schwarzen Adler‹. Den kennen Sie ja. Die Wirtschaft schräg vis-à-vis von der Kirch in Tal, wo letzten Sonntag …«

»Ich weiß.«

»Ich trink ein paar Halbe. Und dann geh ich rauf zur Alm, da oben …«

»Ich weiß.«

»Aber Sie wissen nicht, was dann passiert ist?!«

»Nein.«

»Au! Herrgottsakramentnochamalnei, hört denn die Tortur nimmer auf!«, schrie ich.

»Das war die erste Klammer. Gleich vorbei.«

Sie hantierte ungerührt weiter an meinem Ohr herum. Fragte:

»Und was ist dann passiert?«

»Da kommt so ein Volldepp auf einer riesen Landmaschine, volles Tempo, alle Scheinwerfer an, zweimal so breit wie der Weg. Ich weiß nicht wohin, er bremst nicht, wird immer schneller, mir bleibt nichts anderes übrig als ein Sprung über den Weidezaun. Kein elektrischer, einer mit Stacheldraht. Alter Stacheldraht. Dem Rost nach Erster Weltkrieg. Krupp.«

»Aber der Weltkrieg ist doch schon über sechzig Jahre vorbei.«

»Ja, der Zweite.«

»Ah, und der Erste?«

Was lernen die jungen Dinger heutzutage in der Schule und auf der Uni?

»Ist ja wurscht«, sagte ich. »Kleiner Spaß.«

»Ah so … Und wer war das, der Volldepp?«

»Keine Ahnung. Den Hurenhund wenn ich erwisch. Ich hab mein ganzes Bier gespieben und den Schnaps dazu. Der Volldepp …!«

»Oder die … ich mein der oder die … eine Frau?«

»Ah, den g'schissenen Feminismus gibt's auch in Kempten? Der Bulldog. Die Bulldogge. Der Schrank. Die Schranke. Der Volldepp, die … Es kann keine Frau gewesen sein, weil es keinen weiblichen Volldepp gibt, nicht einmal einen Depp. Deppin? Der Depp ist immer noch ein Mann.«

»Da geb ich Ihnen ganz recht.«

Oh … Eigentor!

Sie:

»Aber Bäuerinnen können so was auch fahren. Seit dem Zweiten Weltkrieg.«

»Nein … es war keine Frau … eine Frau fährt nicht so hirnrissig brutal … Und wenn Frau … welche? Ah, da fällt mir ein, ich glaub, der Typ am Steuer hat eine längere Mähne gehabt, ich hab da so einen Schatten gesehen … Aber nein, es war Nacht … So ein Depp!«

»Und dann ist er oder sie weiter?«

»Volles Karacho.«

»Glauben Sie, dass es Absicht war? Vielleicht hat sie Sie in der Nacht einfach übersehen.«

»Glaub ich nicht. Bei der Flutlichtanlage. Ich wett mit Ihnen was, wenn ich eine Kuh gewesen wär, hätt er gebremst. Oder sie. Kein Bauer fährt eine Kuh zusammen. Nicht mal nachts. Auch keine Bäuerin.«

Sie traktierte immer noch mein Ohr.

»Au! Verreck noch amal! Hört das nimmer auf?«

Mein Ohr wurde schon wieder abgerissen.

»Schon vorbei«, sagte sie.

Woran erinnerte mich ihr Gesicht?

»Haben Sie denn Ihre Predigt fertig gekriegt beim Warten?«

»Bei euch spricht sich wohl alles gleich rum.«

»Wir reden halt miteinander …«

»Weil wir grad beim Reden sind: An was ist denn der Pfarrer von Tal letzten Sonntag eigentlich umgekommen?«

»Warum fragen Sie mich? Sie wissen es doch. Sie haben doch die Organistin beseelsorgt, und die hat ihn zuerst gesehen.«

»Und hat es keine Autopsie gegeben, in dem Fall … ich mein …?«

»Weil er sich aufgehängt hat?«

»Falls er sich aufgehängt hat.«

»Gehängt ist er auf jeden Fall … Sagt die Organistin.«

»Glauben Sie ihr nicht?«

»Sie ist nervlich etwas labil.«

»Spinnt?«

Unwirsch sagte sie:

»Ach … was geht mich das an?! Ich war nur im Notarzteinsatz. Die Feuerwehr hat den Leichnam gleich abgehängt. Er ist auf dem Kirchenboden vor dem Altar gelegen, wie ich gekommen bin. Ich hab nur noch den Tod feststellen können. Durch Herzversagen. Ganz klar.«

»Ja, klar, wenn man sich aufhängt, hört irgendwann das Herz auf zu schlagen. Oder wenn man aufgehängt wird. Oder wenn …«

Sie schaute sich um, sagte leise:

»Psst! Das ist nichts für die Öffentlichkeit. Es wird schon genug getratscht in Kempten und in Tal …«

Laut, sozusagen für die Öffentlichkeit, sagte sie:

»Jetzt kommt noch die Tetanusspritze. Tun S' bitte Ihr Gesäß frei machen.«

»Die Hose runter? Hier?«

Ich wurde rot.

Sie lachte.

»Ist doch nix dabei.«

»Geht's nicht auch in den Arm?«

»Bei uns in Kempten wird in den Arsch gespritzt. Jetzt stell di net so an wie die Kuah beim Soicha!«

Oha! Sie kann auch einheimisch, die Frau Doktor! Die Kuah beim Soicha. Das Rind beim Urinieren.

Sie pikste mich unterhalb des Gürtels in den rechten Gesäßmuskel, ich hatte die Hose so wenig wie möglich nach unten geschoben. Scham aus dem 20. Jahrhundert, erste Hälfte.

»So. Jetzt sind wir fertig … Passen S' gut auf sich auf, Dr. Bär!«

»Woher wissen Sie eigentlich von meinem Doktor?«

»Ach, ich hab halt einfach gedacht …«

»Wegen meiner gewählten Ausdrucksweise können Sie jedenfalls nicht draufgekommen sein.«

»Vielleicht wegen Ihrer hohen Stirn.«

»So hoch wie bei den Ochsen …«

»Jetzt setzen Sie sich noch eine Weile hin, in dem Zustand ist Autofahren gefährlich, und dann trinken S' einen Kaffee, bevor Sie zurückfahren. Wegen dem Kreislauf.«

»Gibt's hier in dem Laden um die Zeit Kaffee?«

»Sie meinen hier im Krankenhaus? Nein, nur vom Automat, aber der McDonald's am Bahnhof, der macht im Sommer immer schon um fünf in der Früh auf. Der hat einen ordentlichen Kaffee. Ist ja nicht mehr lang hin.«

»Und wie lang geht Ihre Schicht noch?«

»Nimmer lang. Alles Gute. Viel Glück. Und passen S' auf sich auf!«

»Ja, ja. Auf Wiedersehen!«

»Hoffentlich nicht. Tschüs.«

Nette Person. Jung, geschnappig, aber doch ganz nett. Keine Ahnung vom Krieg, aber … wirklich ganz nett. Und für ihre verrückte Alte kann sie ja nichts. Vasthi! Wasti. Wastl.

Es war nach vier. Der Morgen dämmerte von Osten. Der Himmel wurde rot.

Morgenrot, leuchtest mir zum frühen Tod.

In meiner Schule wurde noch was gelernt!

Bald wird die Trompete blasen,
dann muss ich mein Leben lassen.
Ich und mancher Kamerad.

So muss es gewesen sein, wenn sie aus dem Krieg gekommen sind. Übernächtigt.

Müde.

Geschunden.

Geschockt.

Wie ich.

Ich steuerte den Bahnhof an. Ich konnte sowieso nicht schlafen. Am Bahnhof war ich in Sicherheit. In Tal nicht. Erst die Leiter. Dann der irre Traktor. Aller guten Dinge sind drei. Wenn man unter Druck ist, wird man abergläubisch.

Der Kaffee um fünf war wirklich hervorragend. Nach Pommes war mir um diese Zeit noch nicht. Dafür noch ein Kaffee. Eine Zigarette. Vor dem McDonald's. Erstaunlich, wie viele Menschen morgens um fünf schon wach sind.

Ich setzte mich ins Auto. Blies den Rauch meiner Gauloise gegen die Scheibe. Gauloises. Die Gelben. Die Gesunden. Schaute in den Rückspiegel. Betrachtete mein neues Piercing. Muss ich unbedingt meiner Nachbarin zeigen. Vielleicht lässt sie mich dann ihres am Bauch sehen.

Unter Druck wird man kindisch. Regression, analysierte ich. Wer will schon kindisch sein? »Regrediert« ist nicht ganz so peinlich. Temporäre Regression. Im Dienste des Ich. Psycho-Blabla.

Hauptsache, es hilft.

Mein Blick blieb im Rückspiegel hängen. Ich erwachte mit einem Ruck aus meiner temporären Regression. Ich sah im Rückspiegel zwei Autos nebeneinander einparken. Die Tür des schwarzen Audi ging auf. Die Fahrerin stieg aus. Blond ... jung ... War das nicht?! Die Tür des silbernen Mercedes ging auf. Der Fahrer stieg aus. Älter. Grau. Groß. Randlose Brille. Anthrazitgrauer Anzug. Weißes Hemd. War das nicht?! Er ließ die Autotür zufallen, ging auf die blonde Frau zu, sie umarmten sich. Bussi Bussi. Er fasste sie um die Taille, sie schmiegte sich an ihn, vereint verschwanden sie im McDonald's.

Meine Schmerzen waren weg. Weggeblasen. Mein Mund offen. Das gibt's doch nicht!

Ich lachte laut auf. Sagte:

»Jetzt hab ich dich am Sack, du katholischer Windbeutel. Jetzt g'hörst der Katz. Jetzt kommst mir nicht mehr aus!«

Was für ein wunderbarer Morgen.

Morgenrot. Leuchtest mir zum frühen Tod.

Von wegen! Quicklebendig war ich wieder.

All Morgen ist ganz frisch und neu …

Red nie mit einem fremden Mann!

Ich verschlief den Sonntag Trinitatis.

Zwischendurch erwachte ich immer wieder.

Schreckte auf.

Hörte Riesentraktoren hinter mir. Mit Sichelmähwerk am Heck.

Spürte die Messer in den Kniekehlen.

Rettete mich über Weidezäune.

Fiel von Leitern.

Ohren wurden mir ausgerissen.

Mein Piercing tobte.

Mit Jameson wurde es auch nicht besser.

Aber die Angst war weg. Solange es hell war.

Draußen brummten und wummerten die Heumaschinen. Die Bauern wollten vor den Gewittern noch Heu machen. Auch sonntags.

Immer wieder sonntags kommt die Erinnerung ...

Zur Kaffeezeit stand ich auf. Ich brauchte noch Bewegung. Damit ich nicht die ganze Nacht wach lag.

Ich ging hinunter ins Dorf. Suchte die Stelle, wo ich gestern Nacht aus dem Weg geräumt werden sollte.

Ich fand sie leicht.

Ein Fetzen Stoff von meiner Jeans hing noch am Stacheldraht.

Das Gras am Wegrand war knöchelhoch abgemäht.

Zwei Pflöcke aus dem Stacheldrahtzaun fehlten.

Sauber umgemäht lagen sie im Gras.

Mit wurde schlecht.

Dich wenn ich erwisch!, dachte ich. Aber wer war »dich«? Rachegedanken beruhigen. Die Angst.

Ich schlenderte durchs Dorf. Fiel nicht auf. Badegäste kamen mit Sonnenschirmen und Eistaschen und Klappliegen und Sonnenbränden wie Hummer vom See. Schaute unauffällig die Schilder an den Hausklingeln an.

In der Nähe der Kirche.

»T & T Hammer« stand neben einer Klingel an der Gartentür vor einem heruntergekommenen Haus.

Von drinnen kam Kindergeschrei.

Und Hundegebell.

Scheiße. Vor den Kindern fürchtete ich mich nicht.

Eine jüngere Frau hängte Wäsche auf eine Spinne. Sie hatte ihr schwarzes, kräftiges Haar zu einem Pferdeschwanz gebunden.

Toni & Toni.

Partnerlook.

Oder Familienkrankheit.

»Sie! Toni!«, rief ich.

Sie schaute sich erstaunt um.

»Was wollen Sie denn hier? Wenn S' aufs Klo müssen, gehen S' zum ›Schwarzen Adler‹ oder runter zum Kiosk an See!«

»Ich will mit Ihnen reden.«

»Mit mir?«

»Ja.«

»Warum?«

»Vertraulich!«

Sie ließ ihren Waschkorb stehen.

»Ich sperr bloß schnell den Hund weg.«

Danke. Ich atmete tief durch.

Drinnen wurde das wütende Hundegebell gedämpfter, eine Tür fiel ins Schloss.

Sie kam zum Gartentor.

»Wer sind Sie?«

Ich zog eine von meinen drei Karten.

»Polizei? Ich weiß von nix.«

»Wieso, erwarten Sie Polizei?«

»Nein, einfach so.«

»Ich komm von der Kirche. Diözese Kempten, Bistum Augsburg. Es ist wegen der Sache letzten Sonntag, dem Pfarrer …«

Sie schaute sich besorgt um.

»Kommen S' rein.«

Ich folgte ihr in eine Art Stube. Küchenzeile. Geleimtes Sperrholz. Ecktisch. Resopal. Fernseher. Tiefbild. Tief wie ein Kühlschrank. Alles noch aus der Zeit vor Ikea. Ein Kind, ich schätzte es auf anderthalb Jahre oder so, war in einem Hochsitz für Babys eingezwängt und schrie, ein etwa zwölfjähriger Bub schaute Fernsehen.

»Geh naus in Garten, Alain.«

»Warum? Ich will fernsehen, die Sendung ist noch nicht aus.«

»Naus!«

Widerwillig maulend ging der Bub mit einem Leck-mich-am-Arsch-Gang hinaus. Er hatte keinen Pferdeschwanz. Eigentlich ein ganz fescher Bursche, sein junges Gesicht hatte er hinter ungewaschenen Zotten versteckt, sah aus wie ein Shetlandpony. Ich fragte mich, wie er mit der Frisur fernsehen konnte. Vielleicht genügte ihm der Ton.

»Können Sie ein Auge auf den Kleinen haben, das Peterle? Ich häng die Wäsche geschwind fertig auf.«

»Gern«, sagte ich.

Sie ging.

Das Kind schrie.

Ich nahm den Buben aus dem Kindersitz. Setzte ihn auf den Boden.

Holzbauklötze lagen herum.

Ich setzte mich zu ihm.

Erinnerte mich an meine aktive Zeit. In meinem Behandlungszimmer standen immer: Eine Couch. Ein Sessel. Eine Kiste mit Bauklötzen.

»Spielen?«

Er hörte auf zu weinen.

»Bielen bielen.«

Er nahm die Bauklötzchen. Baute einen Turm.

»Turm«, sagte ich.

»Ummm«, sagte er.

Dann nahm er einen langen blauen Klotz.

»Tsch tsch tsch …«

»Ein Tschtschtsch. Ein Zug.«

»Uuug.«

Er nahm einen langen roten Klotz.

»Tsch tsch tsch.«

»Noch ein Zug.«

»Uuug. Uuug.«

Dann nahm er die beiden Klötze, jeden in eine Hand. Er ließ sie aufeinander zufahren, aber sie fuhren aneinander vorbei.

Er: »Ei. Ei.«

Ich: »Eieiei.«

Er: »Ei! Ei!«

Er wiederholte die Bewegungen. Der blaue und der rote Klotz fuhren immer wieder aneinander vorbei.

»Schön«, sagte ich.

»Ei! Ei! Ei!«

Er wurde zornig. Ich begriff nicht.

Er ließ die Züge ständig aneinander vorbeifahren, schrie:
»Eieieiei!«

»Die fahren ja aneinander vorbei!«

»Ei, ei!« Zustimmung.

Auf einmal warf er den blauen Klotz weg. Mit voller Wucht in die Ecke.

Ich sagte:

»Weg ist er.«

»Eg.«

Den roten Klotz schob er zum Turm. Er wurde in den Turm eingebaut.

»Der geht zum Turm.«

»Urrrm.«

»Ja, der ist im Turm!«

»Urm butt!«

Er schlug den Turm kaputt, die Klötze krachten überall hin.

Dann schrie er und weinte. Untröstlich.

Er wurde geweint. Von innen heraus.

Ich nahm ihn auf den Schoß.

Er schluchzte in mich hinein.

Ich begriff.

Tränen liefen mir über die Wangen.

Keine Trauer ist schlimmer als Kindertrauer.

Ich hörte die Mutter wiederkommen.

Wischte schnell meine Tränen mit dem Ärmel meines Trachtenjankers weg.

Das Taschentuch war Opfer der grauen Organistin geworden.

»Er weint ja gar nimmer«, sagte sie. »Das ist aber nett, dass Sie ihn halten. Das tut ihm gut. Sein Vater …«

»Was ist mit seinem Vater?«

»Ach nix.«

»Wo ist er denn gerade?«

»Wo alle Mannsbilder sind. In Mühltal. Auf der Kirchweih. Aber was wollen Sie von mir?«

»Eigentlich … eigentlich …«

Eigentlich wusste ich schon alles, was ich wissen wollte. Na ja, ich hatte jedenfalls eine Theorie.

Ich glaube gern an meine Theorien. Ja, mein Glaube an meine eigenen Theorien ist oft stärker als mein Glaube an Gott. Dumm, aber wahr. Ich liebe meine Theorien.

»Eigentlich … bin ich beauftragt vom Bistum, nachzuforschen, was da war am letzten Sonntag. Warum der Pfarrer verstorben ist.«

»Der Theo.«

»Ja, der Theodor Amadagio.«

»Schad drum.«

»Ja …«

Sie konnte nicht weitersprechen. Sie hatte feuchte Augen. Sie fing an zu husten. Rannte zur Spüle. Trank Wasser. Wischte sich das Gesicht ab.

»Der blöde Husten«, sagte sie.

»Sie sind schwanger«, sagte ich.

»Woher …?«

»Ihre Augen. *Das Auge ist das Licht des Leibes.* Matthäus sechs, zweiundzwanzig. Bergpredigt. Ihre Augen leuchten.«

Ich sagte nicht, dass ich es auch an ihrem Busen sah, der sich voll und rund unter ihrem T-Shirt abhob. Kein BH. Eine saubere Frau, wie man im Allgäu sagt.

Ich sagte auch nicht, dass ihre Bewegungen schwanger waren. Schwangere bewegen sich anders. Zwanzig Jahre Seelsorge in der Geburtshilfe schärfen den Blick.

Außerdem wusste ich es von meiner Nachbarin, der Friseuse. Dass die Toni schwanger war.

»Ja«, sagte sie, und fing an zu weinen.

»Die Hormone«, sagte sie. »Ich muss dauernd heulen. Beim Alain und beim Peterle hab ich gespieben. Jetzt muss ich heulen.«

»Nur wegen der Hormone?«

»Wegen was denn sonst?!«

»Die glauben, der Theo ist nicht durch einen Herzinfarkt oder so was gestorben.«

»Wer ›die‹?«

»Die von der Kirch. Die Oberen.«

»An was soll er dann gestorben sein?«

»Er hat sich aufgehängt.«

Sie schrie laut:

»Nein! Nicht der Theo!«

»Weil er schwul war.«

»Ha … der Theo und schwul.«

Sie lachte hysterisch.

»Wenn der Theo schwul war, dann weiß ich nicht, was ich bin …«

»Was sind Sie denn?«

»Ach, das war nur so dahingesagt. Aber der Theo war nicht schwul. Die Mannsbilder haben es gesagt. Weil er anders war wie all die anderen.«

Du bist anders als all die andern. Peter Maffay. Fiel mir einfach so ein.

»Wie anders?«

Das Peterle war auf meinem Schoß eingeschlafen.

»Man hat mit ihm reden können. Er hat einen als … als Frau behandelt.«

»Das werden doch die andern im Dorf auch tun.«

»Ja. Für die ist eine Frau nur zum … Sie wissen schon, was ich meine.«

»Zum Vögeln und zum Arbeiten.«

»Genau.«

»Ora et labora.«

»Was?«

»Nix. Lateinisches Sprichwort. Ja, jetzt muss ich schon dumm fragen, die Frauen hier haben doch auch noch andere Bedürfnisse. Oder überhaupt Bedürfnisse. Außer … eben …«

»Ja. Manchmal finden sich Freundinnen zusammen, zum Reden und so ...«

»Wie die Johanna vom Messner. Sie beide sind eng befreundet.«

»Woher wollen Sie denn das schon wieder wissen?«

»Ich habe mit der Olivia Obholzer gesprochen. Der Organistin. Die hat gesagt, dass Sie und die Johanna ganz dicke Freundinnen sind, und dem Pfarrer, dem Theo, den Kopf verdreht haben.«

Das war halb wahr und halb gelogen. Dass die Johanna und die Toni dicke Freundinnen waren, wusste ich von meiner Nachbarin, dass sie dem Theo Amadagio den Kopf verdreht haben sollten, war frei erfunden. Aber es konnte nicht schaden, die Olivia Obholzer ins Spiel zu bringen. Nichts regt die Mitteilungsfreude mehr an als falsche Behauptungen.

»So ein Schmarren, die ist ja bloß eifersüchtig. Die war scharf auf den Theo. Die wollte, dass sie irgend so eine Messe mit dem Chor aufführen kann und ganz groß rauskommt, und dann hat sie den Theo bearbeitet, aber der hat nicht so recht gezogen. Bei uns so eine Messe ...«

»Welche Messe?«

»Ich weiß nicht, irgend so ein Zeug, wo in der Wieskirch geht, aber bei uns in Tal nicht. Mit den paar Hansele vom Chor. Von Mozart irgendwas.«

»Die Krönungsmesse?«

»Ja, genau die.«

Ich dachte: Aha. Da hat sie ihren Sex untergebracht, die graue Organistin. Mozarts Krönungsmesse. Sex pur. Vertont.

»Aber sie hat nicht lockergelassen, ich glaub, die wär auch mit ihm ins Bett gegangen, wenn sie das Ding hätt aufführen dürfen ... Anfangs. In letzter Zeit haben sie immer miteinander gestritten.«

»Warum?«

»Ich glaub, wegen der Musik. Dem Mozart und so. Man hat sie bis auf die Straß hinaus gehört, wenn sie in der Kirche gestritten haben. Sie hat geplärrt wie eine Furie, und dann hat er geröhrt wie ein Stier, und dann ist sie heulend aus der Kirche hinausgelaufen, und er hat nur gelacht. Sie wollte eben immer ihre tollen Sachen aufführen, die g'spinnerte Wachtel, die g'spinnerte …«

»Aber sie hatte keine Chance.«

»Nein, keine.«

»Die Johanna ist auch schwanger.«

»Ja, eine Tragödie. Ihr Mann … der Messner, der hat ja …«

»Prostatakrebs.«

Die Toni fing wieder an zu weinen.

Ich fragte mich für wen. Um wen?

Du bist anders als all die andern, darum lass ich dich nie mehr gehen …

»Glauben Sie, dass die Obholzer mit dem Tod vom Theo was zu tun hat?«

Sie unterbrach ihr Weinen. Lachte laut auf.

»Die Obholzer. Die ist doch zu blöd, dass sie ihren eignen Arsch mit den Händen im Dunkeln findet. Die kennt nur ihr Gesinge.«

Sie wusste offenbar noch nicht, dass die Olivia Obholzer von ihrem Amt entfernt worden war. Von Kempten. Überhaupt entfernt. Bayernweit. Bundesweit. Weiß Gott, wie weit!

Ich fragte:

»Hat der Theo Feinde gehabt?«

»Nein. Im Gegenteil. Er war bei allen beliebt.«

»Bei allen Frauen. Für die Männer war er nur der Datschi.«

»Weil die Männer zu deppert sind, dass sie Amadagio ausprechen. Und wer anders ist als sie und wer anders redet, den mögen sie nicht. Aber Feinde … nein. Feind hat er keinen gehabt.«

»Auch keinen Grund, einen zu haben?«

»Nein. Wirklich nicht!«

»Gibt es eigentlich Schwule im Dorf?«

»Wahrscheinlich. Aber das würde keiner zugeben. Der könnte hier nicht leben.«

»Wie der Theo.«

»Vergessen Sie das mit Theo und schwul.«

»Woher sind Sie so sicher? Er könnte doch einen Liebhaber gehabt haben, ein anderer ist eifersüchtig geworden, will ihm was antun.«

»Irrsinn. Der war nicht schwul. Als Frau weiß man so was.«

»Ja, da können S' recht haben.«

Wir schwiegen.

»Was macht eigentlich Ihr Mann, der Toni?«

»Warum? Wie?«

»Ich mein beruflich.«

»Er war Metzger. Aber da geht nix mehr. Er macht hier und da was. Hilft beim Heuen und bei der Ernte.«

»Ach, kann der auch die Heumaschinen fahren, die schweren?«

»Ja, das können alle hier. Auch die Frauen. So was lernt man von Kindheit auf.«

»Ist er gestern Nacht auch zum Heuen gefahren?«

»Weiß ich nicht. Kann schon sein.«

Schweigen.

Ich sagte:

»Er ist ja nicht sehr religiös, der Toni.«

»Nein, ist er nicht. Er sagt, zum Glauben braucht man keine Kirche.«

»Und die Geistlichen sind für ihn Kinderficker und Kuttenbrunzer.«

»Woher wissen Sie das?«

»Stammtisch.«

»Ach, am Stammtisch wird vieles geredet.«

Draußen hörte man Gerumpel und lautes Lallen.

»Oh, kommt er schon, der Toni?«

Das Rumpeln und Lallen und Fluchen zog am Fenster vorbei durch den Garten.

Ich fragte:

»War's doch nicht der Toni?«

»Doch, der geht ins Gartenhaus. Er hat da seine … quasi Werkstatt.«

»Arbeitet er noch?«

Sie lachte höhnisch.

»Nein. Entweder er schlaft seinen Rausch aus … oder er holt noch Nachschub fürs Weitersaufen.«

»Geld?«

»Ja.«

»Und er schläft … im Gartenhaus?«

»Ja. Ab und zu. Er schnarcht so. Und jetzt, wo ich schwanger bin, hat er gemeint, ich brauch meinen Schlaf, und da ist er vorübergehend ins Gartenhaus gezogen. Ist ja Sommer.«

»Ah so … Ich geh jetzt wieder. Dank Ihnen fürs Gespräch. Das war sehr nett von Ihnen.«

»Ja, ich hab Ihnen ja nichts sagen können, nichts Neues.«

»Sie nicht«, sagte ich. »Ich weiß genug. Ich weiß alles.«

Sie wurde blass.

»Von wem?«

»Vom Peterle. Hier, er schläft so schön. Jetzt gehört er wieder seiner Mama.«

Sie nahm ihn. Erleichtert.

»Vom Peterle? Haha, dem seine Sprach versteh ja ich oft nicht!«

Sie war sehr erleichtert.

»Pfüad Gott.«

Der Hund schlug wieder an.

Meine Schmerzen waren weg. Ich wusste Bescheid. Ich musste nur noch ein paar Beweise sammeln. Ich liebe Theorien. Manchmal so sehr, dass ich sie mit der Wirklichkeit verwechsle. Deshalb brauchte ich noch mehr Wirklichkeit.

Ein Mordsfest!

Ich machte mich auf nach Mühltal. Großes Fest. Mit Blasmusik. Live. Mal was anderes als immer nur die Oldies von Bayern 1 aus der Dose. Durch den Wald trottete ich eine halbe Stunde bergab, landete am Festplatz.

Mühltal ist für seine Brunnen bekannt, es gibt davon mindestens fünfzehn oder höchstens dreißig, entnahm ich den Multiple-Choice-Fragen, die man auf einem Zettel ankreuzen sollte. Es handelte sich um ein lustiges Quiz für die Festgäste, vor allem die fremden. Die fraglichen Brunnen sprudeln an jeder Ecke im Dorf. Das Wasser quillt aus hohen Säulen aus dem Boden, und es steht auch auf Schildern geschrieben, dass das schon seit Römerzeiten sprudelt und wie das funktioniert – jedenfalls besser als mein Gedächtnis. Ich habe es glatt vergessen.

Damit das in Mühltal nicht wieder passiert, das Vergessen, habe ich mir von der Frau im Dirndl mit dem wichtigen Blick im Gesicht eine Fotokopie mit den Quizfragen erschummelt. Sie organisiert das Quiz auf dem Fest, mit getrennten Fragen für Einheimische und Gäste. Dazu einen Kugelschreiber. »Ich bring ihn gleich zurück«, versprach ich. Natürlich ließ ich ihn mitgehen.

Dann die Preisverleihung. Ich erfahre: Es gibt Menschen, die bereits seit zwanzig oder dreißig Jahren jedes geschlagene Jahr nach Mühltal in Urlaub fahren. Wo sie wohl herkommen? Aus Wanne-Eickel? Unna? Güstrow? Breklum? Husum? Duisburg? Wie schlimm muss es da sein, dass man jährlich nach Mühltal flieht?

Mühltal ist ein verhocktes Dorf mit einem Kirchturm, am Fuße der Gellehöhe, jenes Kamms, der den Grüntensee auf der einen Seite vom Rottachsee auf der anderen Seite trennt. Mühltal besteht vorwiegend aus einer Wegkreuzung, die die Wege nach Oberberg und Lechbruck auseinanderhält. Die Bevölkerung besteht aus zwei Volksgruppen: einerseits aus den Vermietern von Fremdenzimmern und Ferienwohnungen, andererseits aus den

Nordlichtern, die die Fremdenzimmer und Ferienwohnungen mieten.

Die Vermietergruppe, also die Ureinwohner, gehört gesammelt zu der Blaskapelle und zu der Jugendblaskapelle, die an jenem Sonntag im Festzelt spielten. Als ich kurz vor sechs Uhr abends von der Gellehöhe her zu Fuß ankam, waren doppelt so viele Bläser am Werk wie Gäste im Zelt.

Das »Zelt« war eine ortseigene Erfindung, eigentlich war es im normalen Leben eine große Scheune mit Skilift, aber wackere Zimmerleute hatten einen regendichten Vorbau angezimmert, der die Bühne überdeckte, auf der die Musik mit vierzig oder fünfzig Musikanten spielte. Die Wettervorhersage war schlecht, von Südwesten drohten schwarze Gewitterwolken. Noch schien die Abendsonne.

Wie ich später herausfand, waren auch noch Holländer anwesend, eine Bläsergruppe. Zwei der holländischen Bläser hatte man in Allgäuer Trachten gesteckt: schwarze Lederhosen, weinrote Westen, schwarze Hüte. Fesch! Und zünftig!

Einer der beiden trachtenmäßig naturalisierten Holländer stand neben mir an der Pinkelrinne und erzählte in seinem Kotz-Dialekt, dass er »dat Ding nich rausjebracht« habe, weil er mit dem Knopfverschluss der Lederhose nicht vertraut war, dem sogenannten Hosenladen.

Die Toilette war eine Sehenswürdigkeit für sich, eine Meisterleistung Mühltaler Ingenieurskunst. Es handelte sich um einen Bauwagen, der in der Mitte durch eine Sperrholzwand geteilt war. Sie trennte die »Damen«, die man durch die Wand kichern hörte, von den »Herren«. Die Pinkelvorrichtung war eine gewöhnliche Dachrinne. Für die Hygiene sorgte ein dünnes Wasserrohr über der Rinne, in das alle zwanzig Zentimeter ein Loch gebohrt war, aus dem ein Strahl Wasser rann.

Die Benutzung war gebührenfrei, ja, man wurde für die Benutzung mit einem wunderbar romantischen Blick auf die Alpspitze belohnt, die sich gegenüber von Mühltal hinter dem Grüntensee erhebt: der Stoff für ein Gemälde, mindestens für eine Ansichtskarte. Jedes Mal verweilte ich in Andacht an der Rinne mit Blick auf die Alpspitze, jedes Mal, wenn ich in den

»Herren« war, und das war im Laufe des Nachmittags sehr oft, eben so oft, bis ich die fünf oder sechs Halbe Bier wieder in Wasser verwandelt hatte. Das Wasserwunder von Mühltal.

Der Nachschub an Bier war vorzüglich, ich erlebte die erste Bedienung in meinem Leben, die NICHT von der biblischen Augenkrankheit geschlagen war: *Sehenden Auges sehen sie nicht.* Bedienungen können einen so wunderbar übersehen, egal, wo sie hinschauen. Dieses Mädchen aber, das ich auf achtzehn oder zwanzig schätzte, sah meine durstige Hand diagonal durch das Festzelt, ich hob den Daumen, sie hob den Daumen, nickte mit dem blonden Schopf, und bevor ich meinen Daumen samt Arm wieder eingefahren hatte, stand auch schon eine frische Halbe vor mir.

Das Mädchen war mir aufgefallen, weil ich im ersten Augenblick dachte, sie wäre schwanger. Schwangerer als Johanna und Toni. Ihre Bluse wölbte sich über der Jeans und hätte auch als Umstandskleidchen durchgehen können. Aber dann sah ich, ich schaute so unauffällig ich konnte, dass Wölbungen auch an ihren beiden Hüften hervortraten, was meine Schwangerschaftshypothese erheblich schwächte. Sie war einfach »gut beinander«.

Es waren viele Frauen da, alte und junge, je älter, desto besser frisiert. Der Friseur am Ort musste am Vortag ein Bombengeschäft gemacht haben. Praktisch alle Frauen über dreißig waren frisch frisiert und festlich gekleidet, hatten die »Sonntigshäs« an. Manche fielen durch Dirndl auf, und die Dirndl fielen mir dadurch auf, dass sie pink, orange und grün waren.

Die Männer hatten, sofern sie keine Tracht trugen, die Volkshosen für jedes Alter an, nämlich Jeans. Eine Jeans ist vor allem dazu da, bei noch geschlechtsfähigen Männern jedenfalls, den Hintern einzupacken. Ich brauchte einmal ein ganzes Jahr, um den Spruch eines meiner Patienten zu begreifen, der von seinem Kollegen sagte, auf Fränkisch: »Der hat kaan Oarsch in der Husn.« Keinen Hintern in der Hose. Was bedeutet, dass der Mann keinen Mumm hat. Toni hatte definitiv einen »Oarsch in der Husn«, Adolf, der Messner, definitiv nicht.

Bei Frauen ist die Jeans der BH für den Po, und wenn die Jeans nicht einpackt, was sonst hängen würde, kann jede Frau als Frau einpacken. Die zum Beispiel, die am anderen Ende meiner Bierbank saß, hatte eine gute Jeans, die sie gut einpackte, eine hinsehenswerte Frau, fand jedenfalls ich, mit einer blonden Mähne, einer straffen Jeans, T-Shirt mit einem BH, der das, was sie an Holz vor der Hütt'n hatte, vorteilhaft in Szene setzte.

Ich erkannte sie wieder. Obwohl ich sie vor einer Woche nur einen Augenblick im Türrahmen der Kirche gesehen hatte. Es war Johanna, die Frau vom Messner Adolf. Wir grüßten uns knapp. So knapp, dass klar war: Wir wollten hier nichts miteinander zu tun haben. Nicht hier. Nicht öffentlich.

Eine kleine Wölbung von Bauchspeck zeichnete sich unter ihrem Busen ab, schade, und ich schaute vergleichend auf ihre Mutter, mit der sie gekommen war, ebenfalls eine faszinierende Frau. Diese Mutter, die ich so unauffällig wie möglich beschaute, hatte eine Frisur der fünfziger Jahre, die Dauerwellen relativ streng nach hinten gelegt, freie Stirn, strenge Miene. Sie war unglaublich dick, aber so vorteilhaft gekleidet, dass es nicht sofort auffiel. Sie war ungefähr dreimal so viel wie ihre hübsche Tochter Johanna, mit der ich nach drei Bieren doch versuchte zu flirten, aber ich hatte keine Chance. Sie zog es vor, mich nicht wahrzunehmen. Mensch, dachte ich, wenn die wird wie ihre Mutter, eine eingeschnürte Blut- und Leberwurst, oder noch treffender: ein riesiger Rollbraten, dann gnade ihr Gott.

Ich schätzte die Tochter Johanna auf ungefähr fünfunddreißig. Sie lachte, und ich sah ihre Zähne blitzen, die noch vollständig und regelmäßig im Zahnfleisch saßen, aber der Zahnfleischansatz war eine kleine Spur zu hoch, sie war sicher über fünfunddreißig, sie hätte nicht lachen sollen. Es war auch das einzige Mal, dass sie lachte. Johanna schaute wahnsinnig angespannt drein und ging alle fünf Minuten mit einem anderen Mann, den sie kannte, es kannten sowieso alle alle, raus, um eine Zigarette zu rauchen. In dem Zustand. Schwanger. Sie rauchte eine Supermarktmarke, eine Billigsorte, und sie hatte auch etwas von Billig an sich. Einmal sah ich sie mit Toni eine rauchen, Toni mit dem Pferdeschwanz. Sie stand unter Strom.

Den ganzen Nachmittag hatten Frauen aus dem Dorf riesige Torten angeschleppt, wahrscheinlich musste jede Frau im Dorf mindestens eine Torte liefern, und keine lässt sich da lumpen, sodass eine Tortenburg zusammengekommen war, die nun abgefressen wurde. Und das war ja nur die Nachspeise, vorher gab's auch was Ordentliches, »ein leerer Sack steht nicht«, und ich beobachtete, wie sich Alt und Jung Berge von Kartoffelsalat und Bockwurst oder Schweinenackensteak hineinschoben und konnte nicht begreifen, wie junge Mädchen ihre Figur auf diese Weise kaputtfressen können, bis sie dastehen wie dralle abgebundene Säcke. Von nix kommt nix! Der Anblick fetter Leiber beiderlei Geschlechts motivierte mich, nach meiner Steaksemmel bei der Flüssignahrung zu bleiben.

Es wurde ohne Unterlass gegrillt. Der Grill stand in einer Ecke vom Zelt, durch die der Wind blies, aber der Wind blies den Rauch nicht raus, sondern rein, sodass nach einer Stunde Mensch und Fleisch gleichermaßen gegrillt und geräuchert waren. Einer hatte dann die Idee, den Grill hinauszustellen.

Ich sehe ein Mädchen und denke sofort: Lolita. Sie könnte das Titelblatt eines Mode- oder Sexmagazins zieren. Sie ist vielleicht neun oder zehn Jährchen jung, dünn, noch ein Mädchen, läuft wie ein Mädchen, aber ist doch schon ganz verführerische Eva, oder vielmehr Lilith, die biblische Erotik-Version der hausfraulichen Eva, ich kann sie nicht beschreiben, ich glaube, ich habe noch nie so eine »Lolita« gesehen. Sie sagt zu Johanna »Mama«. Ah so! Sie hat auch schon ein Gespür fürs Geschäft, sie weiß es nur noch nicht.

Unter den Buben, die im Konfirmandenalter sind, ist einer mit herausragend männlichen Zügen, Beatles-Frisur, ein Alain-Delon-Jean-Paul-Belmondo-Typ, Grübchen in den Wangen, was das Männliche seiner Gesichtszüge noch unterstreicht, genau den kneift sie von hinten ins Kreuz, und er dreht sich um und die beiden balgen miteinander. Er spricht den Toni mit »Papa« an. Heilige Familie!

Am eindrucksvollsten fand ich die Dirigenten, die Profis wie die Laien. Die Laiendirigenten waren Geburtstagskinder, sie durften einen Marsch dirigieren, und sie durften dazu nicht Nein sagen, der öffentliche Druck war zu groß. Der latente Sinn des Laiendirigierens wurde bald manifest: einen Marsch dirigieren heißt, eine Runde Bier spendieren. Und so schleppten die Geburtstagsdirigenten nach ihren Einsätzen volle Maßkrüge im Dutzend auf die Bühne.

Dirigieren sieht einfach aus, aber man sah, dass sie es nicht konnten, die Geburtstagsdirigenten. Auch den Messner Adolf zerrten sie hinauf, er hatte vor Kurzem Geburtstag gehabt, vermutlich seinen letzten. Er stand wie ein verkleidetes Gerippe da oben, Hände tot, Arme tot, Körper tot, nur die rechte Hand zuckte mit dem Dirigentenstab unbeholfen im Viervierteltakt. Den Takt bestimmte der Schlagzeuger. Da konnte der Adolf zucken wie er wollte.

Ganz anders der richtige Dirigent. Er war neu im Geschäft, wie ich hörte. Er brauchte gar keinen Dirigentenstab. Er strahlte entrückt, sein ganzer Körper war Musik und Rhythmus, er verschmolz mit der Kapelle und mit der Musik. Er dirigierte sie nicht. Er lächelte sie in himmlische Sphären.

Danach kam die Jugendkapelle, an die dreißig Teenager, und als ich daran dachte, dass mein Sohn einst auch in einem Jugendorchester spielte, kamen mir völlig unversehens die Tränen, ich musste raus, blinzelte herum, damit niemand meine feuchten Augen sah, und nahm in der romantischen Bergtoilette mit der Pinkeldachrinne Zuflucht.

Meine schmerzliche Anwandlung war schnell vorbei. Schiffen tröstet.

Auf dem Heimweg traf die Prognose endlich ein. Ich wurde tropfnass. Gewitterregen. Bergauf. Ein Ehepaar, ich nahm an, es handelte sich um eines, weil er von seiner »Frau« sprach, kam mir durchnässt entgegen, zuerst er, hundert Meter dahinter sie, mit einem Pilz in der Hand, wir unterhielten uns, ob er, der Pilz, wohl giftig sei, natürlich nicht, aber ich hätte ihn trotzdem nicht essen wollen. Dann ließ der Regen nach, der Mann ging weiter, seine Frau folgte, wieder mit hundert Metern Abstand.

Ehe.

Ich will 'nen Cowboy als Mann ...

Es wurde langsam dunkel.

... dabei kommt's mir gar nicht auf das Schießen an ...

Auf einmal hörte ich Schritte hinter mir. Keuchen.

… denn ich weiß, dass so ein Cowboy küssen kann …

Ich schaute um.

Ich will 'nen Cowboy als Mann …

Eine Gestalt. Wankend. Wohl auch ein Besoffener vom Fest. Er hielt etwas in der Hand. Vielleicht einen Wanderstab. Etwas zu kurz für einen Wanderstab. Ich hatte meine Brille nicht dabei.

Als ich mich wieder umschaute, sah ich, dass der zu kurze Wanderstab eine Axt war.

Was mich mehr erschreckte, war, wem sie gehörte.

Toni.

Er atmete schwer. Fahne. Bier mit Obstler. Wie ich auch. Irrer Blick.

»Du Hurenbock«, grüßte er mich.

»Ah, der Toni. Grüß dich. Auch besoffen?«

»Nicht so wie du, du alte Loas von der Kirch. Mit meinem Weib reden. Aushorchen. Dir werd ich's zeigen!«

Bevor ich schaute, hatte ich seine Faust im Gesicht. Einen zweiten Schlag im Magen.

Die Schläge saßen. Der Mann wusste, wo er hinhauen musste. Die zwei Schläge machten mich auf einen Schlag wieder stocknüchtern.

Ich klappte zusammen wie ein Taschenmesser. Kotzte. Schon wieder mal.

Er zerrte mich ein paar Meter in den Wald hinein. Trat mir in die Nieren. Ich japste.

»Mach keinen Schmarren, Toni!«

»Halt's Maul.«

Er stieß mir den Griff seiner Axt in den Solarplexus. Punktgenau. Ich sah Sterne. Dann nichts mehr. Schwarz.

Als ich wieder sah, sah ich die irrlichternden Glutkohlenaugen vom Toni über mir, sein Gesicht vom Hass verzerrt.

Mein Kopf lag auf einem Baumstumpf.

Er schwang die Axt in beiden Händen über seinem Kopf, holte aus, mich zu köpfen.

Ready to go.

Er wollte mich umbringen.

Wie auf der Guillotine.

Mein Kopf auf dem Baumstumpf.

Wie man Hühner schlachtet.

Kopf auf den Block, Kopf ab mit Beil.

Ob ich auch kopflos herumrennen würde, wie die Hühner, die mein Opa einmal im Jahr köpfte? Wir Kinder liefen den kopflosen Hühnern nach, bis sie ermattet zu Ende zuckten.

Ich wollt, ich wär kein Huhn.

Toni lachte irre.

Er war übergeschnappt.

Ich auch gleich. Ich hatte keine Chance gegen ihn. Mir fiel ein, was einem in so einem Augenblick alles einfällt. Ich hatte mal in einem Polizeihandbuch gelesen: Für die Festnahme eines Irren braucht man vier Polizisten. So viel Kraft hat ein Irrer. Viermal so viel wie ich.

Ich hoffte, der Toni war noch besoffener als ich. Er hatte nicht gekotzt. Ich hatte. Das war mein Vorteil. Falls ich überhaupt so was wie einen Vorteil hatte.

»Du Metzgerdepp!«, stieß ich heraus. »Du Versager. Du mit deinem Schwanz hinten. Dir steht er hinten. Nicht vorn.«

Ich musste ihn zur Weißglut bringen.

Um den Verstand reden.

Unzurechnungsfähig.

Blindwütend.

Damit ich noch eine Chance hatte.

»Schon mal überlegt, von wem dein Kind ist, dein neues?«

Toni heulte laut auf wie ein angestochenes Schwein.

»Du Sau, di mach ich hi!«

»Hi wie den Datschi, gell. Du schwule Sau!«

»Hi!«, schrie er.

Er holte mit der Axt aus.

Ich hatte nun die letzte Chance in meinem Leben. Verrückte sind viermal so stark wie Normale. Vom Tode Bedrohte auch.

Ich war cool wie ein Geist.

In meinem Geist erschien das Bild von einem Kristall, der Licht bündelt.

Ich muss meine ganze Energie bündeln. Jetzt.

Auf den einen Augenblick hin.

Mein letzter.

. *Last minute chance.*

Die Axt flog in Zeitlupe auf meinen Kopf zu.

Alle Muskeln harrten in höchster Alarmbereitschaft.

Alle Emotionen deaktiviert.

Konzentration pur.

… jetzt und in der Stunde unseres Todes …

Jetzt!

Ich schnellte hoch, spürte den Luftzug des Eisens an meinem Hals, es grub sich tief in das Holz des Baumstumpfes ein.

Bevor der Toni begriff, was los war, er hielt die Axt, die fest im Holz verkeilt war, mit beiden Händen umgriffen, stand ich hinter ihm.

Er mochte Metzger sein. Ich war Fußballer.

Fußball verlernt man nicht. Ich sah mich am Fünf-Meter-Raum vorm Tor. Abstoß. So weit es nur geht. Mit meinem starken rechten Fuß. Ich machte einen »Abschlag«, den stärksten Abschlag meines Lebens.

Den Abschlag um mein Leben.

Von hinten in die Eier vom Toni.

Stille.

Die Szene gefroren.

Kein Laut.

Keine Bewegung.

Über allen Gipfeln ist Ruh …

Langsam schwoll aus dem Innersten vom Toni ein Ton an. Eine Sirene. Eine Luftschutzsirene. Die Sirene eines kastrierten Stieres. Er schrie, man musste es bis Kempten hinein hören, und dann durchzuckte ein elektrischer Stoß seinen Körper, als wäre er an einen Defibrillator angeschlossen, er hüpfte wie ein Geißbock, überschlug sich mit einem Salto über der Axt, die fest im Baumstumpf verkeilt blieb, und landete auf dem Rücken, seine Sirenenstimme heulte immer lauter.

Ich springe auf ihn. Linkes Knie auf seinen Hals. Das rechte ins Gesicht.

Es knackt.

Es knirscht.

Ich reiß mich von ihm los.

Wo sein Gesicht war, ist Erdbeermarmelade.

Er krümmt sich, sirent weiter, spuckt Zähne.

Ich bin wahnsinnig. Ich muss mich retten.

Nicht vor ihm.

Vor mir.

Ich laufe weg, einfach laufen, damit ich ihn nicht umbring. Weg, nur weg, sonst bring ich ihn wirklich um, immer nur reintreten, immer weiter, weg, sonst werde ich zum Mörder.

Es geht bergauf. Ich japse. Kriege keine Luft mehr, falle hin, schlage mir die Knie auf, die Hände. Ich übergebe mich, aber es ist nichts mehr da zum Übergeben. Rapple mich wieder hoch.

Und jogge.

Und heule.

Vor Wut.

Vor Erlösung.

Vor dem Schreck über den Mörder in mir.

Mein Körper zittert mich.

Ruhig!, befehle ich ihm.

Langsam laufen.

Nicht denken.

Nur laufen.

Nicht aufhören zu laufen.

Ich erreiche den Waldrand.

Erblicke den See.

Er ruht.

In sich.

Im Tal.

Liebliches Tal.

Letztes Abendrot hinter den Gewitterwolken.

Jogge auf die Alm zu.

Meine Nachbarin kommt mir entgegen. Geht spazieren. Heute ohne Kühe.

Ich hinke an ihr vorbei, mein rechter Fuß tut weh von dem Abschlag. Meine Jeans ist am rechten Knie mit Blut getränkt.

»Oh, hingefallen beim Springen?«

Die Allgäuer sagen »springen«, wenn sie »laufen« meinen.

»Ja«, sage ich, »blut wie die Sau.«

»Soll ich dir helfen?«

»Nein, geht schon.«

Und weg bin ich.

Sperre die Alm auf.

Sperre zu.

Dreimal.

Ein Glas Wasser.

Gefüllt mit Obstler.

Er schenket dir voll ein.

Ich versenke das Obst auf einen Zug.

Und ob ich schon wanderte im finsteren Tal …

Der Alkohol schlägt ein wie eine Neutronenbombe.

Ich weiß, dass mein Erlöser lebt.

Ich falle zusammen.

Spüre den Teppich. Weich wie Trost.

Ich will euch trösten, wie einen seine Mutter tröstet. Jesaja.

Denke: Gekotzt hab ich schon. Ersticken werd ich nicht.

Als ich zu mir komme, scheint die Sonne ins Zimmer.

Danke für diesen guten Morgen, danke für jeden neuen Tag.

Warum kommt mir diese saudumme »Danke«-Melodie in den Kopf? Bis ins Gesangbuch hat es dieser Schwachsinn gebracht. EKG 334.

Mir graust's vor dem Tag.

Ein Kuss vom Theo

Die Polizei war nicht da.

Bei mir.

Der Toni ist also noch am Leben.

Mit Rühreier, aber am Leben.

Zahnlos, aber am Leben.

Soll ich die Sache hinschmeißen?

Jetzt, wo ich so nah dran bin?

Was ist, wenn der Toni wieder auf den Beinen ist? Falls.

Ich werde dann keine ruhige Minute mehr haben.

Er wird mich metzgern.

Würde ich auch an seiner Stelle.

Ich duschte mich.

In Mitleid.

Keine ist da, die mich verwöhnt.

Noch schlimmer: kein Sinn im Leben.

Am schlimmsten: nichts im Kühlschrank.

Muss man als Mann in meinem Alter alles selber machen?!

Ach, immer noch besser, als von einer Rollstuhl-Domina zu Tode betüttelt zu werden.

Helden sind nun mal einsam.

Basta.

Im Dorf gibt es einen Kaufladen, der ist vormittags von sieben bis zehn auf. Über der Holztür des Bauernhauses steht so groß, wie es sich für das Kaufhaus des Westens KaDeWe gehören würde, »Kaufhaus«. Es gibt:

Brot.

Semmel.

Butter.

BILD.

Der Rest Konserven. Dosen.

Ich humple hinunter. Der rechte Fuß tut von meinem Abschlag noch weh, aber nichts ist gebrochen. Mein Ohr hat vor Aufregung die Schmerzen eingestellt.

Ich sage:

»Guten Morgen.«

»Guten Morgen.«

Ein alter Mann gibt mir, unendlich langsam, aber bitte, er muss seinen Tag damit füllen:

Zwei Semmeln.

Ein Brot.

Butter.

BILD.

Konserven habe ich selber genug. Früh, Mittag und Abend. BILD brauche ich. Der Mensch lebt nicht vom Brot allein. Um zu sehen, dass anderswo auch schlimme Sachen passieren. Anderswo passieren noch schlimmere Sachen.

Ach wär ich doch nur anderswo.

Nein, hier.

Ach, ich habe die Schnauze voll.

Neben der Kirche, am Messnerhaus, steht ein Notarztwagen. Und ein Sanitätswagen.

Lieber Gott, nicht schon wieder!

Ich gehe trotzdem hin.

Eine blonde Frau Mitte dreißig weint.

Johanna.

Johanna weint.

Sanitäter tragen eine Bahre mit einer spitzen Wachsnase in den Wagen.

»Hallo, Adolf.«

Er schaut gläsern.

»Hallo«, sagt er tonlos.

Johanna heult.

»Was ist passiert?«

»Zusammengebrochen ist er. Der Krebs …«

Ich werde von einer jungen forschen Stimme hinterrücks überfallen:

»Ah, die Seelsorge. Immer im Dienst.«

Oh Gott, die geschnappige Notärztin. Nicht schon wieder! Sie sieht mein Ohr an.

»Nettes Piercing. Schaut gut aus.«

»Ist auch gut gemacht!«

Sie errötet. Alle Achtung, das kann die noch! Wo hat sie das gelernt?

»Bleiben S' noch ein bisschen bei der Frau? Schock!«

»Klar«, sage ich. »Seelsorge.«

Und sie, leise: »Passen S' fei auf sich auf!«

Ich: »Und wie! Wie ein Haftelmacher!«

»Haftelwas?«

Oh Gott, was lernen die heutzutage auf der Uni?

Ich denk: Wenn die schon so fürsorglich ist, dann muss es schlecht um mich stehen.

Ich sag: »Basst scho!«

Sie deutet mit dem Kinn auf die weinende Johanna.

»Dankschön, gell.«

Ist sie krank? Hat sie schon wieder ihre Tage? Ist sie schwanger?

»Dankschön, gell.«

Das »gell« lässt mich fast erröten.

Kruzifix, so was von intim!

»Bittschön, gern gescheh'n, wo ich grad so vorbeikomm …«

Das stille Blaulicht bringt sie weg. Und die Sanitäter. Und den Prostata-Adolf.

»Machen S' mir einen Kaffee?«, frage ich die Johanna.

Habe ich bei der Notfallseelsorge gelernt.

Die Leute beschäftigen. Ablenken.

Ich folge ihr in die Stube. Küchenzeile aus den Anfängen von Ikea, eine abgegriffene Eckbank mit Plastikkissen, ein Kasten von einem Fernseher aus der Schwarzweißzeit. Eine Standuhr, altdeutsch, vermutlich vom Quelle-Versand. Hat sie wohl von ihrer abgebundenen Mama geerbt.

Sie scheppert herum, macht Kaffee. Jakobs Krönung. Krönungsmesse. Nein. Nescafé.

Ich sage: »Ich hab frische Semmel.«

Sie sagt: »Ich hab kein Hunger.«

»Klar.«

»Wird wohl zu Ende gehen«, sagt sie.

»Schaut so aus«, sage ich.

»Ist ja nix Neues«, sagt sie.

»Nein. Ich hab ihn erst gestern noch gesehen. In Mühltal. War ganz gut drauf. Sogar dirigiert hat er.«

Dass ich versucht habe, mit ihr zu flirten, lasse ich lieber aus.

»Und vorgestern Abend. Wo ich in der Kirche war, und er mir aufgemacht hat ... Ach, sagen S', Johanna, was hat denn der Adolf gemacht, nachdem er mir aufgesperrt hat?«

»Nix. Wir haben Fernsehen angeschaut.«

»Die ganze Zeit?«

»Ja, wir sind nebeneinander gesessen.«

Sie weint wieder. Wie unter Schock. Merkt nicht, wie ich sie ausfrage. Schluchzt:

»Ich weiß es so genau, weil grad, wie die ›Tagesschau‹ angefangen hat, hat er noch mal mit seinem Handy telefonieren müssen, und ich hab ihn angemault, weil er nicht einmal bei der ›Tagesschau‹ sein blödes Handy ausschalten kann. Hätt's auch nicht braucht ... Das Anmaulen, mein ich.«

Sie weint weiter.

»Und wen hat er angerufen?«

»Keine Ahnung.«

»Was hat er gesagt?«

»Nix ... ah ... doch ... was Komisches. Von einem Vogel.«

»Welchem Vogel?«

»Kiebitz ... Ja, jetzt fällt's mir wieder ein: ›Der Kiebitz ist in der Kirch.‹ Ich hab mich noch gewundert, was ein Kiebitz in der Kirche macht. Aber wir hatten ja auch schon Schwalben, und Raben, und alle möglichen Vögel. Und warum er extra telefonieren muss. Wenn die ›Tagesschau‹ ist. Bloß wegen dem Kiebitz in der Kirche.«

»Und wie die Nachrichten vorbei waren?«

»Da haben wir ›Wetten dass ...?‹ angeschaut. Eine Wiederholung. Ist ja Sommer. Lauter Wiederholungen im Fernsehen. Ich hab dann was zum Essen hingestellt, und dann ist er noch mal rausgerannt, weil so ein Krach von der Kirche her war, und ich hab mich geärgert und bin in die Kirch und hab gesagt, er soll endlich kommen, sonst wird Essen kalt − aber das wissen Sie ja, Sie haben mich ja gesehen. Ich hab ihn dann beim Essen gefragt: Was war? Er sagt: Nix, meditieren hat er wollen, der Depp.«

Sie stockte einen Augenblick, sagte: »Oh, Entschuldigung …!«

Ich sagte: »Was wahr ist, ist wahr.«

Wir reden noch weiter. Dies und jenes.

Ich mache mich dann ans Gehen. Sage:

»Schon viel auf einmal, nicht wahr. Letzten Sonntag der Pfarrer. Heute holt der Notarzt den Adolf.«

Sie weint wieder. Heftig.

»Ja, das ist einfach zu viel auf einmal.«

Sie schluchzt zum Herzerbarmen.

Ich nehm sie in den Arm. Ist gegen die Vorschriften. Aber ich bin ja nicht mehr im Dienst.

Ich denk an das Kind in ihrem Bauch. Es wird als Halbwaise zur Welt kommen. Wie es ausschaut.

Mir laufen jetzt auch die Tränen runter. Sie merkt es nicht. Sie ist zu verheult.

Dann merkt sie es doch.

Sagt:

»Sie sind der zweite Mann, den ich heulen seh.«

»Wer war der erste?«

»Der Theo.«

Und dann heult sie unaufhaltbar. Weiter. Untröstlich. Wie das Peterle von der Toni.

Tränen lügen nicht.

Ich nehme ihr Gesicht in beide Hände, *nimm mein Herz in deine Hände*, drücke ihr einen zarten Kuss auf die Stirn.

»Vom Theo«, sage ich.

Sie rutscht mir zwischen den Armen durch.

Sackt auf dem Boden zusammen.

Totenbleich.

Gott sei Dank ist die Notärztin schon weg.

Zwei Männer, eine Mutter

Ich fahre nach Augsburg.

Meine Mutter besuchen.

Wieder mal.

Hat keinen Sinn, aber man kann ja nie wissen.

Ich parke im Hof vom Pflegeheim.

Gehe direkt auf Zimmer 07.

Klopfe an aus alter Berufskrankheit.

Mach die Tür auf.

Denk, ich seh nicht recht.

Meine Mutter schläft. Wie immer. Gehirn kaputt. Lebt von der Sonde in den Magen. Seit drei Jahren. Pflegestufe II. Das ist kein Leben mehr. Aber verhungern lassen kann ich sie auch nicht.

An ihrem Bett ein älterer Herr. Grauhaarig. Groß. Schwarzer Anzug. Weißes Hemd. Offen. Randlose Brille.

Der Rössle!

»Sie hier? Was machen denn Sie hier?!«

»Ach«, sagt er, und hält noch immer ihre Hand, als wär's seine Mutter. »Ich war grad hier. Personalangelegenheit. Und da hab ich mir gedacht, ich schau mal bei Ihrer Frau Mutter vorbei.«

»Was geht Sie meine Mutter an?«

»Sie war grad einen Augenblick wach«, sagt er unbeirrt. »Ich hab zu ihr gesagt: Gruß vom Emil. Und sie lächelt und sagt: …«

Ich fahre dazwischen, schreie ihn an:

»Sie kann nicht reden! Schlaganfall. Sprechzentrum im Arsch. Erzählen S' mir keine Geschichten!«

Er ungerührt:

»Ich sag: Ich komm vom Emil. Emil! Sie lächelt und sagt: Bleib!«

»Was?«

»Bleib!«

Da haut es mir alle Sicherungen durch. Es drückt mich in den einzigen Lehnstuhl im Raum.

Ich heule. Wie ein Schlosshund. Wie ein kleines Kind. Wie

ein Bub. Wie das Peterle in Tal. Wie das Ungeborene im Bauch von der Johanna.

Hemmungslos.

Machtlos.

»Bleib!«

Sie wollte immer, dass ich bleib. Bei ihr. Für immer. Ich wollte weg. Von ihr. Für immer. Ging ans Ende der Welt. Australien.

Rössle, die Kanaille, sagt:

»Meine Mutter … war auch so …«

»Was geht mich Ihre scheiß Mutter an«, schnauze ich.

Dann:

»'tschuldigung … Ich bin so fertig.«

Ich heule.

Finde keine Worte mehr.

Er schnäuzt sich.

Hockt sich auf den Stuhl neben dem Bett.

Die Hände vorm Gesicht.

Es schüttelt ihn.

Seine randlose Brille fällt auf den Boden.

Ich heule noch mehr.

Allmählich verebbt die Sintflut.

Bei mir.

Bei ihm.

Er sagt:

»Wissen S', Bruder Bär …«

Ich heule schon wieder.

Bruder!

Ich wollte, ich hätte einen Bruder.

Ich muss alles allein entscheiden. Alles. Immer. Allein.

»Bruder Bär, Sie wissen doch, der Freud hat gesagt, oder geschrieben: Die stärkste Verbindung, die ewigste, die es gibt, ist die zwischen Mutter und Sohn.«

»Scheiß Freud.«

»Ja. Scheiß Freud. Leider hat er recht gehabt.«

Wir hocken schweigend ein paar Minuten da.

Mutter schläft.

Jesus wept.

Rössle sagt:

»Ich geh jetzt wieder. Noch ein paar Sachen erledigen ...
Übrigens: Heute Abend hab ich eine Veranstaltung im Diöze-
sanrat zu moderieren. Der Referent ist unser Polizeipräsident.
Er spricht zum Thema ›Die gesunde Familie als Bollwerk gegen
Kriminalität‹. Diskussion. Danach Abendessen. Wir sind alte
Schulfreunde. Haben miteinander Abitur gemacht.«

»Wo?«

»RG. Realgymnasium.«

»Wann?«

»1968.«

»Da schau her. Da hab ich auf dem Holbein-Gymnasium
Abitur gemacht. Das RG war bei uns immer das Depperles-
Gymnasium.«

»Und für uns war Holbein der Arrogantenstadel.«

Wir schauen uns an.

Es fängt an zu glucksen. Aus dem Bauch raus.

Wir lachen.

Wie die Erlösten.

Meine Mutter schläft.

Ihr Gesicht verzieht sich. Lacht sie?

»Die können lachen«, hat sie immer gesagt, wenn sie Leute
laut lachen hörte ...

»Es wird auf jeden Fall spät«, sagt er. »Sicher weit nach Mitternacht. Können Sie sicher sein. *Just in case.*«

Er zwinkert mit dem rechten Auge, als wären wir alte Kom-
plizen. Er hat schon die Türklinke in der Hand.

Ich sage:

»Also da bin ich jetzt baff. Da komm ich nimmer mit. Sie
sagen mir quasi, dass ich mit der Frau von Ihrem Schulfreund
sturmfreie Bude habe, weil Sie mit ihm ... und wissen, dass ich
mit seiner ... das versteh ich nicht!«

Rössle lächelt verschmitzt. Sagt:

»Geheimnis des Glaubens ... Ich verdanke ihm quasi meinen
Beruf.«

»Jetzt wird's noch geheimnisvoller. Werden Sie es mir je verraten?«

»Vielleicht.«

»Wenn unsere, sagen wir, geschäftliche Beziehung zu Ende ist?«

»Jetzt schau mer mal, dann sehn wir schon …«

Und draußen ist er.

Ich schüttle den Kopf. Was ist das für eine Freundschaft, wo …

Letzte Ölung

Ich bin schon wieder im Krankenhaus.
In Kempten.
Den Adolf besuchen.
Er wollte, dass ich komme.
Sagte seine Frau. Die Johanna.
Seelsorge. Letzte Ölung? *Aber bitte mit Beichte!*
Ich heftete mir das Seelsorge-Schildchen der Diözese an meinen Trachtenjanker. So ein gedrucktes Schild mit Stempel verschafft Zutritt. Ohne blöde Fragen. Wenn man es selbstbewusst trägt, kommt man bis auf die Intensivstation.
Als ich ins Zimmer trat, roch ich es.
Roch ihn.
Den Tod.
Abgedunkelt. Draußen brüllte die Allgäuer Sommersonne.
Dann sah ich es.
Sah ihn.
Den Tod.
Im Gesicht vom Adolf.
Adolf lag schmal unter einem Leintuch. Noch war das Gesicht nicht abgedeckt.
Die Nase spitz. Aus Wachs. Eingefallene Wangen mit Bartstoppeln. Schneidezähne wie ein Biber.
So sehen sie aus. Kurz vor dem Sterben. Alle.
Spitze Wachsnase. Weiße Biberbeißer.
Ich trat an sein Bett. Vermied es zu atmen. Kranke Brunze riecht zum Kotzen. Das Zimmer stank wie ein Pissoir, das einen Sommer lang nicht gereinigt worden war. So riechen sie alle. Urologie-Onkologie.
Er schaute mich mit wachen Augen an. Wach und farblos.
»Adolf?«
Er nickte. Sagte:
»Du bist doch Seelsorger. Priester. Sagen sie im Dorf.«
Du.

Über tausend Meter Bergeshöhe und am Totenbett sagt man im Allgäu »Du«.

»Hmmm.« Ich nickte.

»Ich hab nimmer lang.«

»Ich seh's.«

»Noch paar Wochen, sagen die Ärzte.«

Ich dachte: Diese Komiker. Innerhalb von drei Tagen ist er weg. Oder drei Stunden.

Ich sagte:

»Hoffentlich haben sie recht, die Ärzte.«

»Ich muss dir was sagen.«

»Beichten?«

»Ja. Bist du unter Schweigepflicht?«

»Beim Beichten ja.«

»Dann Beichten.«

Ich sagte:

»Im Namen Gottes, des Vaters, und des Sohnes und des Heiligen Geistes. Gelobt sei Jesus Christus.«

Er sagte:

»In Ewigkeit, Amen.«

Als Messner weiß man, wie das geht.

»Also«, sagte ich.

»Ich war's«, sagte er.

»Ich war was?«, fragte ich.

»Wie du abends den Schlüssel geholt hast. Für die Kirch. Ich hab die Leiter umgeschmissen.«

»So. Hast Glück gehabt. Hätt leicht Totschlag werden können. Oder Mord.«

»Und danach. Wie du hinauf bist auf deine Alm. In der Heumaschine. Ich war's.«

»Woher hast du denn gewusst, dass ich noch im ›Schwarzen Adler‹ war und dann erst auf die Alm bin …«

»Der Toni. Der hat dich da gesehen. Der hat mich angerufen auf seinem Handy.«

»Und du hast das Trumm Fahrzeug gesteuert?«

»Ja, ist nix dabei. Das kann sogar ein Weibsbild. Servolenkung. Ich wollt dich zusammenfahren.«

»Fast gelungen. Hier ist mein Andenken.«

Ich zeigte auf mein Piercing.

»Und warum hast du mich umbringen wollen?«

»Weil du draufkommen bist.«

»Auf was?«

»Wer den Datschi ... unsern Pfarrer ... die Mistsau ... auf dem Gewissen hat.«

»Und wer?«

»Ich.«

»Du? Glaub ich nicht. Er hat sich doch aufgehängt. Hat er selber geschrieben.«

»Ich hab's geschrieben. Ich hab ihn aufgehängt.«

Plötzlich fiel mir ein, was mir in diesem Gespräch, als mir einer die Leiter wegzog, aufgefallen war, und ich war nicht draufgekommen. Jetzt am Totenbett vom Adolf kam der Flashback. Er hatte mich in der Kirche gefragt:

»Was haben S' denn da oben wollen, am Kruzifix?«

Ich hatte gesagt:

»Mich aufhängen!«

Und er darauf:

»Nein! So wie der Pfarrer. Das geht doch ...«

Er wusste also, dass der Pfarrer da gehangen war, und er hatte so getan, als hätte er es nicht gewusst. Er log. Damals oder jetzt. Oder damals und jetzt.

Ich fragte ihn:

»Und er hat sich freiwillig aufhängen lassen?«

»Jeden Samstag hat er sich auf den Sonntag vorbereitet. Da war er ganz penibel. Messgewand angezogen, dass auch nix fehlt. Messwein probiert. Er hat dann um sich herum gar nichts mehr gesehen ... Es war leicht. Ich bin hinter ihn hin und hab ihn auf den Kopf gehaut. Richtig fest. Da ist er umgefallen. Dann hab ich ihn aufgehängt.«

Ein Schlag. Kein Blut. Haha!

»Du? Mit der Leiter?«

»Ja. Einfach über die Schulter, die Leiter rauf, aufgehängt, und fertig.«

»Du?«

»Wieso ich nicht?«

»Da braucht einer Kraft. Einen Toten auf die Schulter nehmen und oben aufhängen. Fünf oder zehn Meter hoch. In deinem Zustand ...!«

»Der Hass gibt Kräfte.«

»Der Hass?«

»Ja, der Hass.«

»Wieso hast du so einen Hass auf ihn gehabt? Alle sagen, er war so nett.«

»Du weißt, warum ich so einen Hass auf ihn gehabt hab. Oder nicht?«

»Keine Ahnung«, log ich.

»Das Kind von der Johanna ist nicht von mir.«

»Wieso nicht?«

»Wir haben seit über einem Jahr nicht mehr ...«

»Von wem dann?«

»Jetzt stell dich net so deppert! Vom Datschi, von dem frommen Hund.«

Seine Augen leuchteten. Sein Körper spannte sich. Sogar seine spärlichen Haare stellten sich auf. Energie pur. Hass pur. Vielleicht hatte er ihn doch selber da hinaufgehängt?

»Aber jetzt ist er hin!«, keuchte er.

»Und warum hast ihn ans Kruzifix gehängt?«

»Damit es alle sehen. Damit alle diesen Judas sehen. Damit alle wissen, was für ein Saukerl, für ein falscher, das war! Alle! Und die Zeitung!«

»Aber keiner hat ihn gesehen. Nur die Obholzer, und da weiß man nicht, ob die spinnt.«

»Die spinnt nicht, die blöde Sau. Die ist zu früh gekommen und hat gleich telefoniert, und da war dann gleich die Feuerwehr da, der Hauptmann von denen, und bevor die anderen gekommen sind, hat er ihn schon heruntergeschnitten ...«

»Und hat euch damit die Schau versaut ...«

»Ja ...«

Manchmal ist auch interessant, was einer nicht sagt. Wenn einer nicht widerspricht. »Euch«. Das war die Falle. Und er war hineingetappt.

Adolf sank in die Kissen zurück, wurde wieder tot.

»Und der Zettel? ›Ich packe es nicht mehr …‹ Wer hat den geschrieben?«

»Ich, wer sonst. Ich schreib doch immer die Sachen für den Schaukasten.«

Wunderbar, dachte ich. Wasserdicht. Ich sagte:

»Das war also die Beichte. Noch was?«

»Nein. Das langt doch für die ewige Verdammnis, oder?«

»Dann binden wir den Sack zu … Im Namen des Vaters und des Sohnes und des Heiligen Geistes. Ich frage dich im Angesicht Gottes, bereust du deine Sünden, so sprich: ja.«

»Ja.«

»Im Namen Christi: Ich spreche dich frei, ledig und los. Dir sind deine Sünden vergeben. Vater unser im Himmel …«

Er betete es leise mit, die knorrigen Hände gefaltet.

Ich tauchte meinen Finger ins Salböl.

Ich malte ihm ein Kreuz auf die Stirn und sagte:

»Ich salbe dich im Namen des Vaters und des Sohnes und des Heiligen Geistes. Friede sei mit dir.«

»Amen«, sagte er. »Der Sauhund, der dreckige …«

Ich: »Ist noch was?«

»Nein, nix. Das ist alles«, sagte er, als wäre er im Sieben-bis-zehn-Uhr-Kaufladen in Tal und sagt zu dem alten Ladenhüter: Das ist alles.

Dann sagte er:

»Komm ich jetzt in die Hölle?«

Ich sagte: »Wenn du Glück hast, kommst du in die Hölle.«

»Und wenn ich Pech hab?«

»Dann bleibst du hier noch drei Monat liegen und verreckst in deiner Soiche. Hölle ist die Strafe für Mörder. Ewige Urologie für Lügner.«

Seine Augen flackerten.

»Der Fall ist jetzt erledigt. Oder?«

»Schaut so aus«, sagte ich. »Aber merk dir was: Wer zuletzt lügt, lügt am besten. Nix für ungut. Pfüad di.«

»Servus«, sagte er.

Sag beim Abschied leise Servus …

Die Luft auf dem Gang war erfrischend. Sie roch nach Krankenhaus, nach Desinfektionsmittel und Bodenreiniger und Latexhandschuhen, nicht mehr nach Pissoir. Man kann sich an jeden Geruch gewöhnen. Nach fünf Minuten. Wenn man nicht in den vorigen vier Minuten aufs Klo rennen muss.

Ich hatte ein blödes Gefühl. Ich dachte, er lügt. Warum beichtete er mir den Scheiß? Er hatte ein Alibi. Fernsehen mit seiner Frau. Warum log er mich an? Auf dem Totenbett. Aus Hass? Den hatte er doch schon abreagiert.

Ich zog die Tür zum Sterbezimmer hinter mir zu.

Warum?

Aus Liebe?!

Ich lachte.

Was für blöde Gedanken einem kommen.

Am Eingang strömten Leute ins Krankenhaus.

Ich stockte.

War das nicht? Nein … Doch!

Der Pferdeschwanz. Ja, der Pferdeschwanz vom Toni.

Der Toni. Der Pferdeschwanz war das Einzige, was von ihm intakt geblieben war.

Er hatte einen gequälten Gang. Hinkte durch das Eingangstor. Sah sich um. Mit seinen beiden blauen Augen. Blaugeschlagen. Zahnlos.

Ich ließ ihn vorbeigehen an meinem Versteck hinter der Zimmerpalme im Kübel. Er humpelte in Richtung Urologie.

Der Metzger a. D.

Der Metzger.

Der Metzger.

Der Metzger!!! Jawoll, der Metzger!!!

Ich wollte gerade aus meiner Deckung heraustreten, zuckte zurück.

Noch einer, den ich kannte.

Grauer Anzug. Graues Haar. Weißes Hemd. Randlose Brille.

Wer reitet so spät durch Nacht und Wind?

Der Monsignore Rössle.

Schlau ist er schon, der staubige Bruder. Rendezvous im Krankenhaus. Da kommt ihm so schnell keiner drauf.

Er verschwand in den Gängen Richtung Unfallambulanz.
Ich hatte keine Lust, schon wieder nach Tal zu fahren.
Zu viel Kühe.
Landluft.
Alm.
Denken.
Ich.
Vor allem zu viel Ich.

Scheißfreundlich

In meinem Kopf war der Fall klar. Ich hatte den Grundriss, musste nur noch ein paar Farbtupfen hineinmalen. Und ich musste für meine Zukunft sorgen. Ich konnte nicht ewig von zwanzigtausend Euro leben. Und vom Nichtstun. Ich musste meine nächste Karriere pflegen.

Außerdem wollte ich zum Hugendubel. Mich in Bücher vergraben. Karriere und Bücher waren beide im »Forum Allgäu« in der Innenstadt von Kempten untergebracht: Hugendubel und die Redaktion vom Kemptener Tagblatt.

Ich trabte durch die Hallen der Versuchungen. Neunzig Geschäfte auf dreiundzwanzigtausend Quadratmetern, groß genug für ein internationales Reitturnier. Alles Shopping. Nicht nur Einkaufen. Einkaufen tut man im »Kaufhaus« von Tal. Hier wird geshoppt. Mal shoppen. In der *shopping mall*. Eisdiele, Café, Konditorei, Verführungen in Schokolade, Crêpes (ehemals Pfannkuchen), buntglasierte Früchte. Hamburger. Pommes. Alles, was gut schmeckt und fett macht.

Der Mensch lebt nicht vom Brot allein.

Der Mensch lebt von

Fett,

Zucker,

Salz.

Mit einem Wort: Currywurst.

Oder »Sechs auf Kraut«. Wie die Menschen sagen, bei denen ich mein halbes Berufsleben verbracht hatte.

Die Franken.

Sechs Nürnberger Bratwürste mit Sauerkraut. »Sechs auf Kraut.«

Frankenhumor.

Man muss ihn nur mögen.

Die Allgäuer Post hatte einen »Service point« eingerichtet. In einem Blumenladen. Ein einfacher Postschalter. Aufgemotzt zum »Service point«. Zwischen Petunienstöcken und Kletterrosen. Flower power.

Im dritten von drei Stockwerken entdeckte ich in der äußersten Ecke ein Schild: »Kemptener Tagblatt«. Das sollten sie auch mal aufmotzen. »Kempten News«. »Daily Kempten«. »Allgäu Times«. Oder »Print point«.

Ich trat ein.

Ich machte mich auf einen Anschiss gefasst.

Die Begrüßung des Chefredakteurs Magnus Augstein war ein freundlicher Überfall.

Scheißfreundlich.

»Ja, wer ist denn da? Der Dr. Bär?!«

Ich stotterte:

»Grüß Gott. Ah … ähhh …«

Er, warmherzig:

»Wie geht's denn mit der Schriftstellerei?«

Augstein wandte sich sogar von seinem Monitor ab, schwang sich auf seinem Chefsesseldrehstuhl von Lidl im Halbkreis herum.

Ich sagte:

»Geht scho. Ich war ja neulich schon einmal da.«

»Ja, natürlich!«

Er tat, als wären wir verschwägert oder hätten zumindest schon einen Hektoliter Bier miteinander getrunken.

Also gut. Ich kann noch scheißfreundlicher als er!

»Ich hab heute wieder die Allgäuer Rundschau mit dem Kemptener Tagblatt gelesen. Ein gelungener Mix aus internationaler Politik und lokalem Flair. Geschickt, wie Sie das machen!«

»So, finden Sie? Wir geben uns jedenfalls Mühe.«

»Wir«. War seine Sekretärin von der Maul- und Klauenseuche genesen oder er an Schizophrenie erkrankt? »Wir«. Irgendwas hatte sich an ihm verändert. Von innen. Was bewirkte, dass er größer ausschaute und so etwas wie eine Aura hatte.

Ach was, er war einfach nur scheißfreundlich.

»Und wie geht's selber?«, ging ich zur Gegenoffensive über.

Er lachte.

»Nicht schlecht.«

Er lachte in sich hinein.

Ich war unsicher, verwirrt.

Er sagte:

»Sie haben doch gesagt, Herr Dr. Bär, dass Sie gern was schreiben möchten. Besinnliches oder Lokales oder lokal Besinnliches ...«

Ich sagte:

»Letztens habt ihr doch von einem sechzigjährigen Priesterjubiläum berichtet. Sehr positiv. Wie ist eigentlich die Geschichte mit dem Pfarrer von Tal weitergegangen? Da könnt ich vielleicht ein paar Nachgedanken dazu liefern.«

Eine scharfe Falte zog sich zwischen seine Augenbrauen, seine Aura schrumpfte wie ein Luftballon, aus dem die Luft schnurrt. Allerdings ohne Ton.

»Da gibt's nichts weiter zu berichten.«

»Woher wissen Sie das?«

»Alles, was es zu berichten gibt, haben wir geschrieben.«

»Dass er an Herzversagen gestorben ist.«

»Ja. Das langt.«

»Und ein Nachruf ...«

»Da gibt's nichts nachzurufen. Er war nur drei Jahr in Tal, keine sechzig.«

Es war eine Basta-Ansage. Warum musste er so mauern? Warum fragte er nicht, was ich schreiben würde. Stattdessen traktierte er mich mit Freundlichkeitsattacken.

»Haben Sie nicht gesagt, Sie haben so eine Art ›Wort zum Sonntag‹? So allgemein. Oder war da nicht etwas von der ... ah ... der Kapelle?«

»Der Benedikt von Tal mit seiner Bruder-Klaus-Kapelle und der Mutter Gottes von Medjugorje.«

»Ja, das wär doch interessant!«

»So, so, so hat sich das öffentliche Interesse geändert seit voriger Woche.«

Er ignorierte meinen Seitenhieb und meinte:

»Können S' mir den Benedikt-Text mailen? Wie lang ist er? ... Zehn A4-Seiten? Da machen wir eine Fortsetzungsgeschichte draus. Und dann sind da ja noch ein paar Dutzend Kapellen in der Gegend ...«

Ich ergänzte:

»Binzen, Gereute, Oberelleg, Brosiselleg, Buchenberg, Kalchenbach, Wertach, Vorderschneid, Haag, Moosbach, und, ach ja, in Holz, da hängt der Strick zum Glockenläuten direkt von der Decke herunter, wie ein Galgenstrick.«

Er ignorierte den Galgenstrick. Stattdessen, ganz begeistert:

»Das langt für ein Jahr! Zu jeder Kapelle eine interessante Geschichte …«

Ich dachte: Interessant oder wahr?

Er:

»Sie können doch schreiben!«

»Woher wissen Sie das?«

»Ihr Werk über die Seelsorge …«

»Hoi! Woher kennen Sie denn das?«

Er hustete.

»Google. Heutzutag kann man doch alles googeln.«

Ich begriff allmählich, dass er von mir alles Mögliche haben wollte an Geschriebenem, nur nichts über Theodor Amadagio.

Wir vereinbarten, dass ich ihm meinen Benedikt-Report schicken würde und ein Paar Sonntagswörter dazu.

Seine Aura geriet wieder in Ordnung.

Woher kam dieser Wetterwandel nur?

Johanna weint

Gegen Abend war ich wieder zurück. Als ich die letzte Kurve vor der Alm genommen hatte, sah ich jemanden dort stehen. Warten. Johanna.

Noch bevor ich aus meinem Golf gestiegen war, fragte sie: »Wie geht's ihm? Was hat er gesagt?«

»Schlecht geht's ihm. Und was er gesagt hat, kann ich nicht sagen. Beichtgeheimnis.«

»Oh!!! Dann wissen Sie …?«

»Johanna, ich darf nichts sagen.«

»Zu niemand?«

»Das ist ja der Sinn vom Beichtgeheimnis. Aber ich darf Sie was fragen.«

»Was?«

»Johanna, neulich am Sonntagabend, da war doch einer in der Kirche. Der Kiebitz. Der Depp. Erinnern Sie sich?

»Ja … ja … Weil ich mich geärgert hab, dass der Adolf noch mal raus ist, wie wir miteinander Fernsehen geschaut haben.«

»Der Kiebitz, der Depp, das war ich. Wir haben ja ganz kurz Grüß Gott zueinander gesagt, als Sie in der Tür standen. Ich hab mit der Leiter was ausprobiert. Und dann hat mir jemand die Leiter weggestoßen. Ich hätt tot sein können. Können Sie sich vorstellen, dass der Adolf mir die Leiter unter den Füßen weggestoßen hat?«

»Er war zwar schon schwach, er war ja schon so krank, aber dafür hätte er vielleicht immer noch die Kraft gehabt. Bloß … Er ist doch die ganze Zeit neben mir beim Fernsehen gesessen … nur einmal kurz raus … Nein. Nicht der Adolf …«

»Und später am Abend?«

»Den ganzen Abend sind wir beieinandergesessen. Nach den Nachrichten ist ›Wetten dass …?‹ gekommen, und das hat ja so lang gedauert … Und dann sind wir ins Bett.«

»Und der Adolf ist nicht ein einziges Mal raus? Zum Schiffen?«

»Ja freilich, wenn's Handy geschellt hat, da ist er raus …«

»Wer hat denn angerufen?«

»Keine Ahnung!«

»Wirklich keine Ahnung?«

»Nein.«

»Hatte er Freunde?«

»Ja, im Dorf, die Männer halt.«

»Ich meine richtige, einen oder zwei, mit denen er gesoffen hat.«

»Die saufen alle.«

»Ja, ich mein, mit denen er mehr als gesoffen hat, echte Freunde …«

Johanna kreuzte die Arme über ihrer fülligen Brust. Ihr Interesse am Gespräch flaute ab.

Ich fragte:

»Trauen Sie dem Adolf zu, dass er den Theo umgebracht hat?«

Sie war wieder voll da.

»Der Theo ist an Herzschlag gestorben. Das ist sogar in der Zeitung gestanden.«

»War auch nur eine hypothetische Frage.«

»Egal welche Hypo-Frage: Das ist Unsinn! Der Adolf hat den Theo nicht mögen, das stimmt. Aber umbringen … dazu war er zu schwach.«

»Also doch?«

»Was doch?«

»Also können Sie sich doch vorstellen, dass er zu so was fähig gewesen wäre, der Adolf. Wenn er noch gesund gewesen wäre.«

»Ich glaub«, sagte sie, »auch dann nicht. Er ist nicht der Typ. Er ist kein Macher. Er denkt sich eher Sachen aus. Er hat sich immer so schöne Geschichten für die Kinder ausgedacht …«

Sie fing an zu weinen.

»Sind der Adolf und der Toni dicke Freunde?«

Sie weinte noch mehr.

»Sie und die Toni sind doch auch dicke Freundinnen.«

Sie weinte noch heftiger. Drehte sich um und rannte den Weg hinunter.

Wohin?

Naseweis

Um neun am Abend war ich der letzte Gast im »Schwarzen Adler«. Der einzige.

Der vorletzte war um Viertel vor neun gegangen. Geflohen. Toni war in die Gaststube getreten. Hatte mich erblickt. Sich auf dem Fuße rumgedreht, und schon war er wieder draußen.

Kein Wunder.

Unsere letzte Begegnung war so intensiv, dass es uns beiden für die nächsten paar Jahre langte.

Ich zahlte. Die Wirtin war nicht gesprächig, sie war froh, dass sie mich loshatte und absperren konnte.

Der Schlüssel drehte sich hinter mir.

Ich schritt den Kuhfladenweg hinauf, am Haus von Benedikt vorbei. Auch schon tot. In der Kirche hatte ich das Gedenkkärtchen gesehen. Am 2. April war er verstorben. Schade. Ich hatte ihn vor ein paar Jahren interviewt. Er war wegen seiner Kapelle bekannt geworden, und wegen seiner Depression. Die Kapelle war wegen der Depression entstanden. Benedikt war ein Baum von einem Mann gewesen, Vater von sieben Kindern, Bergsteiger, Gemeinderat und Chef der Straßendienste im Raum Kempten. Ein Erfolgstyp. Dann packte ihn die Depression. Er heulte jede Nacht sein Kopfkissen voll. Er musste seinen Job aufgeben. Überforderung. Eines Tages sagte er den Ärzten in der Psychiatrie, er muss jetzt gehen und eine Kapelle bauen, die Tag und Nacht offen ist. Er baute die Bruder-Klaus-Kapelle. Sie ist benannt nach dem Heiligen Nikolaus von Flüe aus der Schweiz, 1417 geboren, dem Schutzpatron der katholischen Landjugend. Sie beherbergt auch eine Statue der Mutter Gottes von Medjugorje, die erstmals 1981 in Bosnien-Herzegowina erschien. Der Bruder Klaus und die Mutter Gottes thronen über dem kleinen Altar wie ein heiliges Paar.

Ich interviewte ihn in dieser Kapelle. Ich wollte mehr über Depression erfahren. Ich hielt dann einen Vortrag drüber in einer kirchlichen Akademie, er kam ganz gut an, und schrieb in einem

Buch ein Kapitel über Benedikt und seine Depression. Ich wollte es ihm immer schenken. Jetzt war es zu spät. Jedes Mal, wenn ich auf die Biselalm fahre, komme ich an einem großen Kreuz vorbei, in der Nacht leuchtet es, das letzte Werk von Benedikt, ein Kreuz für die Mutter Gottes von Medjugorje, oberhalb der Bruder-Klaus-Kapelle.

Ich trauerte um ihn. Bergauf. Ein Trauerweg.

Die Nacht hatte sich herabgesenkt.

Gut.

Keiner sah, dass mir die Tränen runterliefen.

Geht ja auch keinen etwas an.

Ich steckte den Schlüssel in die Tür von der Alm. Drehte ihn rum ...

Dann wachte ich auf.

Mitten in meinem Gesicht pochte es.

Mein Gesicht war ein Pochen.

Die Nase geschwollen. Verklebtes Blut.

Ich tastete mit der Zunge nach meinen Zähnen. Sie waren noch drin.

Meinen Kopf konnte ich heben.

Meine Finger bewegen.

Die Beine auch, auch die Füße und die Zehen, ich war aber nicht sicher, ob sie mich tragen würden.

Ich lag auf der Treppe vor der Tür zur Alm.

Die Bestandsaufnahme ergab: Das Pochen war das Einzige, was mit mir nicht stimmte. Meine Nase. Sie tobte. Ich betastete sie. Ich hatte schon immer eine »Gumpfel«, wie die Schwaben sagen, eine Knollennase, und schon öfter hatten mich in meiner aktiven Zeit feinfühlige Gläubige taktvoll gefragt, ob ich früher mal Boxer gewesen sei, weil meine Nase so ausschaut. War ich nicht. Wäre ich aber gern gewesen. Besonders jetzt.

Dann erinnerte ich mich: Ich hatte die Haustür aufgesperrt, und dann kam eine Art Gewitter. Ich dachte, komisch, draußen ist kein Gewitter, das ist innen im Kopf, war fast belustigt, ein Gewitter im Kopf, und dann kam so etwas wie ein Blitz, und dann ... dann ist der Faden gerissen.

War ich gegen die Tür gestoßen? Nein. Es stand auch nichts

im Weg zum Dagegenstoßen. Kein Schrank, kein Balken, kein offenes Fenster.

Woher bekomme ich aus dem Nichts einen Schlag auf die Nase?

Das Blut sickerte weiter, mir war schlecht, hatte ich eine Gehirnerschütterung?

Zum zweiten Mal an diesem schönen Sommertag fuhr ich nach Kempten.

Mit einem blutigen Handtuch um den Hals.

Krankenhaus.

Unfallambulanz.

»Sie schon wieder?«, sagte die Krankenschwester an der Aufnahme.

»Hausarzt?«

»Klinikum Kempten.«

»Wie, was? Ihren Hausarzt!«

»Dr. Graf.«

»Die Dr. Graf von uns hier?«

»Ihre Schwester.«

War mir gerade so eingefallen.

»Ah so. Wusste gar nicht, dass die eine Schwester hat. Sie hat heut wieder Dienst.«

»Wunderbar. Passt ja alles.«

»Sie schon wieder?«, sagte Dr. Vasthi Graf.

Sie war nicht geschnappig. Sondern freundlich. Wohlwollend.

»Noch ein Piercing heut?«

Ich deutete auf meine Nase.

»Oh, die Nase! Uhhhhh.« Sie verzog das Gesicht.

Ja, genau so musste meine Nase aussehen.

»Wo sind Sie denn da dagegen gelaufen?«

»Keine Ahnung. Auf einmal lag ich da …«

»Oder haben S' Ihre Nase wo reingesteckt?«

»Ich meine Nase …«

Ein Ruck ging durch mich hindurch. War das die Botschaft: Steck deine Nase nicht da rein?

Die Botschaft für mich.

Von wem?

Wer konnte wissen, dass ich so gut wie alles wusste?

Sie schaute sich meine Nase genau an.

Drückte. Ruckte.

»Au!«

»Die Schmerzen sind das Schlimmste«, sagte sie.

Ich sagte:

»Und wie ich ausschau … Schmerzen vergehen, aber eine Visage nicht. Werd ich jetzt eine eingeschlagene Nase für den Rest meines Lebens mit mir rumtragen? Und ein neues Passbild machen lassen müssen …«

»Nein, man wird nix sehen. Wir machen die Nase sogar gerader wie vorher. Fast wie eine Schönheitsoperation. Da wird die Nase oft künstlich gebrochen, damit man sie wieder schöner hinkriegt.«

Sie untersuchte weiter und schüttelte den Kopf.

»Sie hätten tot sein können. Es war offenbar ein Schlag. Aber das Seltsame ist, dass der Schlag nur die Nase getroffen hat. Sie hätten Ihr Gesicht einbüßen können. Aber es war ein gekonnter Schlag.«

»Ein Profi?«

»Ja, ein Profi, könnte man sagen.«

Ich dachte: Haben sie jetzt einen echten Killer auf mich angesetzt?

Dr. Graf sagte:

»So was kann nicht jeder. Zuhauen kann jeder. Ich habe schon jede Menge eingeschlagener Nasen gesehen. Oder eingeschlagene Gesichter. Auf jedem Dorffest kriegen wir ein paar davon. Blutige Nasen. Einfach draufgehauen. Oder reingetreten. Aber das hier sieht anders aus.«

»Wie?«

»Eben profimäßig … wie ein Chirurg. Ein Orthopäde oder Chirurg könnte so was.«

Mir fiel aus meiner Krankenhauszeit ein, wie sich eine Krankenschwesternschülerin geschämt hatte, als sie zum Bewerbungsgespräch mit ihrer Mutter ankam, und sie, die Tochter, sagte, sie würde gern in der Chirurgie arbeiten, da unterstützte die Mutter das Argument, sagte: Der Papa ist ja auch Metzger.

Ich konnte nicht lachen, die Nase tat zu weh. Fragte:

»Kann ein Metzger auch so was?«

»Ein guter Metzger kann so was. Ein guter Metzger kann mit einem Sauschlegel eine Sau mit einem einzigen Schlag hinmachen.«

»Ah so!«

»Ja. Glück gehabt. Wir können die Nase zurechtrücken. Einfach so. Oder morgen eine Operation ansetzen. Wenn Sie gleich wollen …?«

»Gleich!«

»Können Sie Schmerzen aushalten?«

»Klar«, log ich.

»Dann legen Sie sich hier hin!«

Ich legte mich.

Sie drückte auf meine Nase.

»Gleich tut's weh!«

Ich dachte an das Gewitter innen. Diesmal kam der Blitz lautlos. Und dann war es dunkel.

Als ich erwachte, stand die Krankenschwester neben mir.

»Nehmen S' das. Würfelzucker mit Klosterfrau Melissengeist.«

»Ich bin aber protestantisch.«

»In Kempten ist man katholisch! Fertig.«

Der Zucker mit Melissengeist schmeckte himmlisch. Das letzte Mal, als ich Würfelzucker mit Melissengeist zu mir genommen hatte, war vor vierzig Jahren gewesen, beim theologischen Examen in dem schönen fränkischen Ort Ansbach. Den ich seither hasse. Ich war so aufgeregt, dass ich zum Hausmittel meiner Oma griff. Es half. Ich wusste damals allerdings nicht, dass Melissengeist zu achtzig Prozent aus Alkohol besteht. Aber es war ja auch ein geistliches Examen. Kirchengeschichte. Note vier. Jetzt erlebte ich wieder Kirchengeschichten.

Der Melissengeist und die Erinnerung an meine Oma und mein glanzloses Examen in Ansbach erquickten mich.

Dr. Graf erschien wieder. Der blonde Engel.

Siebzehn Jahr, blondes Haar, so stand sie vor mir …

»Wir machen jetzt noch einen Nasenschutz. Eine Art Schiene. Damit die Nase wieder gerade zusammenwächst. Schöner als vorher.«

Sie brachte eine Nasenschiene daher, eine Maske.

»Da schau ich ja aus wie der irre Typ aus ›Das Schweigen der Lämmer‹, der Hannibal Lecter. Oder das ›Phantom der Oper‹.«

»Schönheit muss leiden.«

»So kann ich doch nicht unter die Leut gehen!«

»Sollen S' auch nicht. Ein paar Tage Bettruhe brauchen S'!«

Sie legte mir die Schiene um. Wie eine Maske.

»Vielleicht denken die Leute, ich bin ein Fußballer, die haben manchmal auch so was. Der Ballack zum Beispiel …«

»Ja, das denken die Leut. Sicher. Wenn s' blöd sind. In der Altherrenmannschaft eine Gesichtsmaske.«

»Ich habe Rechtsaußen gespielt. Ich konnte immer schon schnell laufen.«

»Das sollten S' jetzt auch. Schnell weglaufen.«

Sie hatte recht.

Ich schüttelte ihr die Hand zum Abschied.

Reich mir zum Abschied noch einmal die Hände.

»Sie haben mir sehr geholfen.«

»Dafür sind wir doch da«, sagte sie artig. »Ohren, Nasen … alles.«

»Nein, das muss gesagt werden: Sie haben mir sehr geholfen. Nicht nur mit der Nase und dem Ohr …«

Sie schaute nach Fragezeichen aus.

Ich sagte:

»Ich habe ihn gefunden.«

»Wen? Den Sinn des Lebens? Den Erlöser?«

Ich: »Den Mörder.«

Sie sagte:

»Passen S' auf sich auf!«

Ich wunderte mich, dass sie sich nicht wunderte.

Ich wusste, wer der Mörder war.

Dachte ich.

»Glaub nicht alles, was du denkst.« Aufschrift auf einer Karte mit einem Esel drauf. Lustig. Geschenk von jemandem, der mich kennt.

Aber ich wusste nicht, warum sich die Dr. Graf nicht wunderte, und warum sie nicht mehr so geschnappig war, sondern sehr freundlich, und ich wusste nicht, warum ich auf einmal in der Redaktion vom Kemptener Tagblatt so beliebt war.

Immerhin wusste ich, warum ich eins auf die Nase gekriegt hatte. Aber ich hatte sie schon zu tief hineingesteckt, in den Dreck, der mich nichts anging.

Sollte ich aufgeben?

Die Warnung war klar. Der Profi kann mich jederzeit abschlachten.

Wie eine Sau.

Es fing schon wieder an, hell zu werden, als ich zurück auf die Alm kam. Gott sei Dank. Hell. Ein paar Stunden Schlaf.

Dachte ich.

»Glaub nicht alles, was du denkst.«

Esel!

Totenmesse

Ich war gerade eingeschlafen.

Es läutete.

Sturm.

Ich schleppte mich die Treppen runter.

Öffnete die Tür.

Meine Nachbarin. Schaute mich entgeistert an. Sagte:

»He, was ist denn mir dir los?«

»Was soll los sein?«

Sie schaute immer noch entgeistert auf mein Gesicht.

Ich hatte vergessen: Ich trug die Maske noch.

»Ah, so«, sagte ich. »Schönheitsoperation.«

»In deinem Alter?«

»Schönheit ist zeitlos.«

»Aber nur die, die von innen kommt.«

»Ja, schellst du jetzt mitten in der Nacht wegen meiner Schönheit? Ich brauch nicht schon wieder Haarschneiden.«

»Nein! Der Adolf!«

»Was ist mit dem Adolf?«

»Er ist verstorben. Heut Nacht.«

Ich dachte:

Das passt. Wenigstens hat er noch gebeichtet. Aber ist eine Lügenbeichte besser als gar keine – oder schlimmer?

Ich sagte:

»So, so.«

»Und die arme Johanna. Im dritten Monat schwanger. Übermorgen ist Beerdigung. Und die Johanna muss alles herrichten. Sie ist doch Messnerin. Ist das nicht furchtbar, für die Totenmesse vom eigenen Mann die Kirche herrichten ... Die arme Johanna.«

Meine Nachbarin weinte. Als wäre sie mit der Johanna verschwistert oder verschwägert. Warum nimmt sie das alles so mit? Dachte gar nicht, dass sie so weinen kann.

Ich sagte:

»Die Toni wird ihr beistehen.«

»Wieso die Toni?«, sagte sie feindselig.

»Weil die Toni die beste Freundin von der Johanna ist. Und schwanger ist die Toni ja auch.«

»Was hat das damit zu tun? Das geht doch keinen was an. Ich wollt auch nur sagen …«

»Schon recht. Dank dir schön!«

Was war da schiefgegangen in unserem Gespräch?

Das ganze Dorf war in der Kirche. Große Messe. Für den Messner.

Der Pfarrer von Marktl, Hochwürden Xaver Maria Guggemoos, zelebrierte.

Ein grauhaariger Organist aus Kempten spielte die Orgel. Sind alle Organisten grau?

Die Frauen tupften sich mit ihren Taschentüchern die Tränen von den Augen.

Die Männer saßen hinten und schnäuzten sich.

Ich saß wie ein Fremdkörper mit meiner Maske am Rand der langen Kirchenbank, das Phantom der Kirche, der Lecter aus dem »Schweigen der Lämmer«. Meine Nase war noch so zugeschwollen, dass ich den Weihrauch nicht riechen konnte.

Johanna und ihre beiden Kinder saßen in der ersten Bank. Neben der blonden Johanna die schwarze Toni. Sie hielt ihrer Freundin Johanna die Hand.

Am traurigsten von allen schaute der Christus von seinem Kruzifix herab. Vor vierzehn Tagen noch hing dort der Priester Theo Amadagio. Dann ich.

Hochwürden Xaver Maria Guggemoos hatte keine Ahnung, wie sollte er auch. Er wedelte mit seinem Weihrauchkessel.

Lesungen.

Schluchzen.

Schnäuzen.

Ansprache.

»Es hat Gott, dem Herrn gefallen …«

Mitten im Satz stürmte ein Mann durch die Mitte nach vorne.

Schrie hysterisch:

»Es hat Gott nicht gefallen! Es hat Gott gar nicht gefallen …«

Der Mann riss dem Priester das Mikrophon aus der Hand, schrie hinein:

»Gott hat ihn gestraft. Gestraft hat er ihn … den Verbrecher … den Mörder hat er …«

Die Leute waren gebannt, gelähmt.

Kinnladen unten.

Kollektiver Atemstillstand.

Mein Herz hämmerte in meiner zerbrochenen Nase.

Der irre Mann hatte einen Pferdeschwanz. Aus seinem zahnlosen Mund kam:

»… er war's … er … er hat den Teufel aufgehängt … er … er … er war's …«

Seine Stimme wurde brüchig, dünn, weinerlich.

»… er war … mein bester Freund … ich hab ihn … so …«

Er heulte auf wie ein Hund, den man totschlägt, und brach dann zusammen.

Das brach den Bann.

Männer schleppten ihn hinaus in die Sakristei.

Der Priester nahm das Mikrophon wieder an sich, sagte, wie sehr uns alle dieser Tod mitnimmt, und wie sehr wir alle der Erlösung bedürfen.

Stimmt.

Der Leichenschmaus im »Schwarzen Adler« begann beklommen und bedrückt. Ein paar Biere, ein paar Schnäpse halfen.

Der Leichenschmaus wurde, wie alle Leichenschmäuse, ganz belebt und lustig.

Er ging bis in die Nacht hinein.

Sogar der Toni war mit dabei und so sturzbetrunken, dass er mir zuprostete. Er war der Einzige, der mir zuprostete. Schließlich hatten wir auch die intimste Verbindung von allen. Ins Gesicht geschrieben. Beiden.

In dieser Nacht schlief ich schnell ein. Keine Angst. Einfach erschöpft. Von den Schmerzen.

In der Nase.

In der Seele.

Ich hatte genug.

Aber jetzt war es auch vorbei.

Ich konnte meinen Fall beschließen. Mit einer glaubwürdigen Geschichte. Mit dem toten Adolf als Mörder seines verhassten Chefs. Sogar mit Motiv. Messner erschlägt Priester aus Eifersucht.

Ja, es war vorbei.

Eine Frau sieht rot

Mitten in der Regennacht läutet die Klingel. Sturm. Hört nicht
auf.

Ich springe auf, schlaftrunken.

Erster Gedanke: Das ist der irre Toni. Jetzt macht er mich
fertig.

Ich nehme mein Handy. Notruf. Polizei. Speichere die 110
rufbereit ein. Damit ich sofort die grüne Taste drücken kann.
Falls ich dazu komme.

Reiße das Fenster auf.

Regen peitscht mir ins Gesicht. Das weckt auf!

»Ja, wer ist da?«, rufe ich durch den Gewitterregen.

»Mach auf«, ruft eine Frauenstimme.

Wachet auf, ruft uns die Stimme …

»Mach auf. Ich bin's.«

Wer auch immer »ich bin's« ist, es ist nicht der Toni.

Es ist die Toni.

Die nassen Haare kleben ihr aufgelöst im Gesicht. Irrer Blick.
Panik.

»Komm rauf«, sage ich.

Ich habe mein Schlafgewand an.

Marathon-Finisher-T-Shirt.

Boxerhose.

Barfuß.

Sie auch. Barfuß. In der Hand ein weißes, blutdurchtränktes
Tuch.

Sie zittert am ganzen Körper.

Ich denke: Die schnappt jetzt gleich über.

Ich sag:

»Hock dich hin. Trink was, sonst schnappst du noch über.«

Sie schluchzt, schreit ab und zu:

»Nein! Nein! Die Sau!«

Ich schenke Obstler ein.

Schütte ihn mit einem Schluck hinunter.

Schütte nach.

Reiche ihr das Glas.

Sie kann es nicht halten. So zittert sie.

Ich setze es an ihre Lippen, schütte ihr den Schnaps hinein, der Schluckreflex sorgt dafür, dass sie das meiste trinkt.

Den Rest spuckt.

Hustet.

»Was ist passiert?«, frage ich, hocke mich ihr gegenüber auf einen Bauernstuhl.

Sie schaut mich glasig und abwesend an.

Hält mir das Tuch hin, das blutgetränkte.

Mir graust, ich nehme es gegen meinen Willen. Öffne es.

Erstarre.

Springe auf, stürze zum Klo.

Kotze.

Schon wieder.

Gehe zurück in die Stube.

Sie schaut mich entgeistert an, ich schau sie entgeistert an.

Noch ein Schnaps.

Ich kann nicht eingießen, meine Hände zittern, beide, unkontrolliert.

Ich greife die Flasche mit beiden Händen, das geht noch, setze die Flasche an den Mund, meine Zähne schlagen zitternd gegen den Flaschenhals, ich trinke einen tiefen Zug.

Es brennt wohlig im Bauch. Ich kann wieder atmen.

Wohltätig ist des Feuers Macht …

»Trink!«, befehle ich.

Sie nimmt einen Schluck aus der Flasche.

Atmet durch.

Sie sagt:

»Ich war's. Ich hab ihn abgeschnitten.«

»Wem?«

»Dem Toni.«

»Warum?«

»Weil …«

Sie wird von einem neuen Heulkrampf geschüttelt.

»Wir müssen klar denken«, sage ich. »Erzähl, was ist passiert!«

Stockend fängt sie an.

»Der Toni … vor einer halben Stunde ist er heimgekommen. Von der Leich. Beim Wirt. Total besoffen und aufgezogen. Schreit rum. Du Hur, du elendige! Hat sein Metzgermesser in der Hand. Ich bring dich um, schreit er, du Hur! Ich krieg Himmelangst. Die Kinder, sag ich, denk an die Kinder! Welche Kinder, schreit er, welches Kind … Der Adolf hat mir alles erzählt. Auf dem Totenbett … hat er mir … Er zerrt mich an den Haaren, immer mit dem Messer in der Hand. Ich zeig dir schon, wer hier die Kinder macht, du Hur. Er zerrt mich zu sich … nimmt seinen Schwanz raus, zerrt mich an den Haaren vor sich auf die Knie … ich muss ihm einen …«

»Blasen?«

»Ja. Es graust mir. Ich ekle mich. Ich hab mich immer schon vor ihm geekelt … Aber wegen der Kinder. Und mit dem Messer am Hals …«

Ich gebe ihr ein Glas Wasser.

Sie trinkt.

»Es war grausam, diesem Schwein einen blasen … Wir haben ja schon lang nichts mehr miteinander gehabt. Seit er in Kaufbeuren war … mit den Tabletten … da ist nichts mehr gegangen. Ich war ganz froh. Wir wollten sowieso keine Kinder mehr. Aber in letzter Zeit hat er die Tabletten wieder abgesetzt. Selber. Ich hab's gemerkt. Er hat wieder Stimmen gehört, er ist wieder verrückt geworden … und geil. Außerdem glaub ich, hat er Viagra genommen. Ich hab mal in seinem Gartenhaus eine Packung liegen sehen.«

Sie konnte jetzt wieder zusammenhängend reden. Aber nicht lange.

»Dann, wie er einen Ständer gekriegt hat, hat er mich in der Küche rumgeschmissen, er ist ja unheimlich stark, er hat früher einem Stier allein das Genick brechen können … und dann schmeißt er mich über den Küchentisch, ich spür das Messer immer noch im Genick und … ich kann nicht …«

Sie schluchzt unkontrolliert.

»Die Sau, die verreckte … es war so …«

»Furchtbar?«

»Erniedrigend. Demütigend.«

Ihr Blick schaut durch mich hindurch, was sie wohl sieht?

»Der reißt mir den Rock hoch und die Hose runter, wie einem kleinen Schulmädchen, das Prügel kriegt, und dann ist er … in mich hinein … von hinten … wie ein dreckiger Arschficker … wie er's immer mit dem Adolf getrieben hat, die zwei Dreckshund … und hat mich durchge…«

Sie weint wieder. Wimmert.

Ich kriege in meinen Boxershorts eine Schwellung. Schäme mich.

»Trink«, sage ich.

Ich trinke. Wasser. Schnaps drauf. Wasser. Klar bleiben.

»Und das Schlimmste war … ich glaub, ich bin pervers … ich hab so Angst gehabt, ich hab gedacht, ich brunz gleich vor Angst … aufn Tisch … und dann bin ich gekommen, ich hab nicht wollen, ich bin einfach gekommen … Und er hat gelacht und hat weiter in mich hineingestoßen … und ich bin noch mal gekommen …«

Eines der Wunder der Natur, dachte ich. Hat mich schon immer fasziniert, dass Männer in Angst nicht kommen, aber Frauen … Ich sage:

»Das ist so … so seltsam, da übernimmt der Körper … und demütigt einen noch mehr …«

Sie begreift nichts. Sagt:

»Ich schäm mich so!«

Schluchzt. Sagt:

»Wie er fertig war, hat er mich in die Ecke geschleudert, wie Rotz weggeschleudert, das Messer nach mir geworfen und ist hinaus … in sein Gartenhaus.«

»Und dann?«

»Ich war blind vor Wut, ich hab nur noch rotgesehen. Ich zieh mich wieder an, schau nach den Kindern. Sie schlafen. Gott sei Dank. Ich hock am Küchentisch, stier vor mich hin, denk, ich hab einen Schlaganfall, kann mich nimmer rühren … bis die rote Welle mich überschwemmt, als hätt mir der Doktor Cortison gespritzt, das Rot geht durch und durch, und wie ferngesteuert heb ich das Messer vom Boden auf, geh ins Gartenhaus. Er liegt im Bett, schnarcht, furzt, total besoffen, eine leere Schnapsflasche liegt neben ihm im Bett, eine Zigarette brennt noch zwischen seinen Fingern. Er schnarcht, liegt angezogen auf seinem Bett, sein Schwanz hängt noch raus. Ich spür das Messer in der Hand ... die Schmerzen im Unterleib ... wie ich wieder zu mir komm, hab ich das da«, sie zeigt auf das blutgetränkte Tuch auf dem Boden, »in der Hand und lauf durch den Regen. Auf einmal steh ich hier vor der Alm.«

»Hat dich jemand gesehen?«

Sie schüttelt den Kopf.

»Bei dem Sauwetter. Mitten in der Nacht. Unser Haus ist ja gleich am Weg rauf.«

»Und der Toni liegt im Bett. Er verblutet.«

»Hoffentlich.«

»Und wenn's rauskommt, sperren sie dich ein.«

»Und wenn schon.«

»Und dein Kind? Deine Kinder? He! Wach auf! Deine Kinder brauchen dich daheim, nicht im Knast!«

»Was soll ich machen?«

»Du machst jetzt, was ich dir sag! Komm, ins Auto.«

Ich nahm sie an der Hand und zog sie hinter mir her. Bevor wir im Auto saßen, ich in T-Shirt und Boxershorts, waren wir klatschnass.

Ich sagte:

»Hör gut zu. Es geht um deine Kinder, nicht nur um dich! Wir fahren runter. Du gehst ins Haus, ziehst dich ordentlich an, machst die Küche sauber, schaust nach den Kindern. Okay?«

»Okay.«

»Und ich kümmer mich um das andere.«

Als ich den Toni in seinem Gartenhaus sehe, ist mir klar, dass er schon hinüber ist. Er liegt in einer riesigen Blutlache, die das ganze Bett durchtränkt. Schnapsflaschen stehen daneben. Sein Gesicht ist käsweis, eingefallen, die Nase spitz, eine Sterbenase, mit der Lücke unter seiner Oberlippe sieht er aus wie ein Biber ohne Vorderzähne. Eine aufgerissene Packung Viagra liegt hingeworfen auf dem Bauernhocker neben dem Bett.

Ich zieh meine Hygienehandschuhe aus dem Sanitätskasten im Auto an.

Wische das Messer mit dem regennassen Tuch ab, die Schneide, den Griff.

Drücke dem Toni seinen abgeschnittenen Schwanz in die lasche Hand.

Das Metzgermesser in die andere.

Gieße eine Flasche Schnaps ins blutige Bett. *Bloody Mary!*

Schütte dem Toni noch einen Schuss Schnaps ins Maul.

Er tropft seitlich raus.

Stecke eine von Tonis Zigaretten an, stecke sie in seinen Mundwinkel.

Es kommt keine Luft mehr raus.

Der Zigarettenrauch steigt auf. Wie Weihrauch.

Dann ging ich zurück ins Haus, in die Küche.

Toni hatte sich wieder gefangen.

»Und jetzt?«, fragte sie.

»Der Toni ist nicht mehr zu retten. Du musst dich retten. Pass auf, hörst du?«

»Ja!«

»Pass genau auf und tu genau, was ich dir sage: In ein paar Minuten brennt das Gartenhaus. Schau hinüber. Sobald du Rauch oder Feuer siehst, rufst du die Feuerwehr. Damit dein Haus nicht auch noch abbrennt. Tipp die Nummer in dein Handy. 112.«

Sie tippte die Nummer ins Handy. 112.

»Sobald du siehst, dass es zu brennen anfängt, drückst du drauf. Die Feuerwehr wird gleich da sein, ist ja gleich um die Ecke.«

»Und wenn sie fragen?«

»Du brauchst nicht zu lügen. Aber du darfst die Geschichte nur von da an erzählen, wo er die Küche verlässt und in sein Gartenhaus geht. Oder am besten: Er ist total besoffen heimgekommen und in sein Gartenhaus getorkelt. Du hast geschaut, dass die Kinder schlafen. Dann hast du gesehen, wie es brennt. Das ist die Kurzfassung. Mehr ist von Übel. Ich komm auch nicht vor in der Geschichte. Klar?«

»Ja. Klar. Er kommt besoffen heim und geht ins Gartenhaus.

Ich schau nach den Kindern. Dann seh ich das Gartenhaus brennen und ruf sofort die Feuerwehr.«

»Richtig. Ich muss jetzt sehen, dass ich weiterkomm. Meinen Arsch in Sicherheit bringen. Servus.«

»Servus.«

Ich sagte noch:

»Denk an die Kinder. Und an den Theo. Dass der nicht umsonst aufgehängt worden ist.«

»Du weißt das alles?«

»Alles. Aber nix kommt raus. Denk dran, das gilt für uns beide. Nicht lügen. Nichts erzählen. Nichts als die Wahrheit. Aber nicht die ganze.«

Ich setzte mich in meinen Golf. Es schüttete. Ohne Licht fuhr ich hinauf. Gleißende Blitze erhellten die Kühe, die regungslos im Regen standen.

Weine nicht, wenn der Regen fällt, tam tam, tam tam.

Nach ein paar Metern beschlugen sich die Scheiben. Ich kurbelte das Fenster runter.

Ich hörte eine Feuerwehrsirene.

Wohltätig ist des Feuers Macht.

Der Regen tat gut.

Ich sperrte die Alm ab.

Nicht mehr nötig, dachte ich. Jetzt bin ich wieder in Sicherheit. Trotzdem.

Ich duschte heiß. Lang.

Kriegte Durchfall.

Trank Schnaps.

Zog ein frisches T-Shirt an.

»Drei-Länder-Marathon Bodensee«.

Wo die Welt noch in Ordnung ist.

Eine frische Boxershorts.

Legte mich ins Bett.

Endlich in Sicherheit einschlafen.

Ich schloss die Augen.

Dann packte mich ein Schüttelfrost.

Dachte mit letzter Kraft: Ich muss dafür sorgen, dass die Toni einen Aids-Test macht. Morgen. Als Erstes.

Vom Tal herauf hörte ich die Feuerwehrsirene. Dann die Polizeisirene. Dann den Notarzt.

Zu spät.

Dann fing ich an zu heulen.

Dachte an meine Mutter im Pflegheim.

Heulte noch mehr.

Heulte mich in den Schlaf.

Wo war der Dr. Bär geblieben? Psychoanalytiker. Pfr. Dipl. Psych. Dr. phil. B.A., M.A., M.A.P.P.S., ANZACPE, DPG, DGPD, DGfP ... Die Buchstaben waren weniger wert als die Nudelbuchstaben einer Nudelbuchstabensuppe, die man ins Klo schüttet.

Nun aber bleibet Glaube, Hoffnung, Liebe.

Denkste.

Heulen und Zähneklappern.

Die Sirenen hörten eine nach der anderen auf. Meine Gedanken auch.

Pro Familia

Am nächsten Morgen suchte ich die Praxis von Dr. Marie Curie in Kempten.

Die bekannte gynäkologische Praxis.

Von Pro Familia wärmstens empfohlen.

»Was wollen Sie denn hier?«, fragte die Sprechstundenhilfe.

»Ich bin der Liebhaber von der Frau Doktor. Ich kann's nicht mehr erwarten, sie zu ... Sie verstehen? *Die Liebe, die Liebe, ist eine Himmelsmacht ...*«

Sie schaute mich mit offenem Mund an. Sie hatte wunderbare weiße Zähne. Hätte beste Chancen in jeder Zahnarztpraxis gehabt. Leuchtend weiße Reklame. Was machte sie in der Gynäkologie? Na ja, ihre Lippen waren auch sehr sinnlich. *Rote Lippen soll man küssen, denn zum Küssen sind sie da ...* Silikonlos sinnlich. Noch.

Ich sagte:

»Kleiner Scherz. Ich möchte die Ärztin sprechen. Es geht um eine existenzielle Angelegenheit.«

»Um was?«

Wer solche Zähne hat, braucht kein Hirn.

»Um Leben und Tod!«

»Das geht nicht. Sie ist voll beschäftigt bis Mittag.«

Ich hielt ihr meinen Pro-Familia-Ausweis vom Bistum hin.

»Ach so, das ist was anderes.«

Fünf Minuten später war ich im Untersuchungszimmer der Frauenärztin. Mit dem gynäkologischen Stuhl. Gott, ich danke dir, dass ich keine Frau bin. Ich würde mich lieber zu Tode schämen, als mich so untersuchen zu lassen. Ich gehe schon seit zwanzig Jahren nicht mehr zur Prostata-Vorsorge. Weil ich meinen Plastikbrunzbecher nicht wie eine Monstranz durchs volle Wartezimmer tragen will, und weil ich vor den jungen Dingern mit weißen Kinderzähnen und Push-up-Wonderbras nicht meine Hosen runterlassen will, und weil ich mir nicht vom Urologen den Finger in den Hintern stecken lassen will. Und die jungen

Dinger schauen, als sähen sie nichts. Stimmt. Aber das Problem ist: Ich sehe mich.

Das dachte ich. Ich sagte:

»Ich brauche einen Aids-Test. Anonym. Für eine junge Frau.«

»Dann soll die junge Frau halt kommen.«

»Es geht um höchste Diskretion.«

Sie schaute auf mein Kärtchen.

»Vom Bistum. So, so … Dann so wie immer?«

Ich wusste nicht, wie »so wie immer« ging. Ich sagte:

»Genau so.«

Sie sagte:

»Dann bringen Sie die junge Frau vorbei. Samstagvormittag. Hintereingang. Zwölf Uhr Mittag. Dauert nicht lang.«

»Und wann kommt das Ergebnis?«

»In dem Fall Montagfrüh.«

»Gut. Vielen Dank.«

»Gern geschehen.«

So leicht war das also.

Aus dem Grunde konnte ich am Montag nicht bei der Beerdigung vom Toni sein. Ich war in der gynäkologischen Praxis. Ergebnis abholen. Wurde nur persönlich gemacht. Nicht mal telefonisch. Damit niemand was erfährt. Geheimnis des Glaubens.

Immerhin kam ich rechtzeitig zum Leichenschmaus im »Schwarzen Adler« an. Es war Nachmittag, die Messe war um dreizehn Uhr gewesen, volles Haus. Volles Haus auch im »Schwarzen Adler«. Es wurde über alles Mögliche geredet, nur nicht über die Umstände von Tonis Tod. Seine Frau, die Toni, war blass, aber gefasst. Ihr zur Seite stand und saß ihre beste Freundin, die Johanna.

Ich gab der Toni die Hand, sagte:

»Negativ.«

Die Toni wurde auf der Stelle ohnmächtig und rutschte vom Stuhl untern Tisch.

»Die Schwangerschaft«, sagte Johanna, und alle sagten: »Ja, die Schwangerschaft und der Stress, furchtbar, das ist kein Wunder.«

Ich erfuhr, dass der Pfarrer Xaver Maria Guggemoos es sehr schön gemacht habe, diesmal ohne Zwischenfall wie beim Adolf, weil der Toni nicht mehr zwischenfallen konnte. Er war gut aufgehoben in seinem Sarg. Der Geistliche hatte in seiner Ansprache gesagt, dass schon wieder ein tüchtiger Mann gestorben sei, der Toni, der zweite nach dem Adolf, in so kurzer Zeit, und ich wunderte mich, warum er den dritten auslieβ, seinen Kollegen Theo Amadagio, aber vielleicht galt der trotz Erschlagen, Erhängen und Herzstillstand nicht als sterblich, oder aber nicht als tüchtiger Mann. Beide Männer, habe er gesagt, seien Opfer einer furchtbaren Krankheit geworden, der eine des Körpers, der andere der Seele.

Damit schienen alle zufrieden. Adolf war an Prostatakrebs gestorben, Toni an den Folgen einer paranoiden Schizophrenie, er hatte sich selbst verstümmelt und war dann verblutet und zusätzlich noch verbrannt. Laut Polizei.

Nirgends wird so viel gelogen wie am Grabe. Ich wusste das aus Erfahrung.

Mir langte es. Ich wanderte wieder hinauf auf meine Alm.

Ruhe wollte ich.

Die letzte Pflicht noch hinter mich bringen.

Auf dem Weg rief ich mit dem Handy meinen Auftraggeber an.

Er war sofort dran. Ich sagte:

»Bruder Rössle, Mission erfüllt. Ich weiß, was los war, ich kann Ihnen Bericht erstatten ... Ja, Samstag ist gut. Ich stell einen Augustiner Edelstoff bereit, und Sie bringen den Tanqueray No. 10, den Sie gegen mich verwettet haben ... Bevor Sie auflegen: Da ist noch ein kleines Problem. Mit den Ausgaben. Wahnsinnige Ausgaben sind angelaufen ... Für was? ... Ja für besondere Zahlungen, ich kann Ihnen das am Samstag erklären ... Noch mal zehntausend Euro ... Nein, zusätzlich ... Doch, können Sie schon. Sie sitzen doch an der Quelle. Außerdem sitzen Sie in der Scheiße. Ich habe Sie mit einer hübschen Frau gesehen. Bussi, Bussi. Mehr als einmal. Mein Handy kann auch fotografieren. Schöne Bilder ... Tun S' nicht so rum, ist ja keine Schand, ein bisschen jung ist sie halt, die Frau Dr. Vasthi Graf. Könnte Ihre

Tochter sein … ich mein, rein vom Alter her … aber Sie können ja keine Tochter haben, Zölibat. Spart eine Menge Ärger. Also? … Ja, warum denn nicht gleich, ich hab doch gewusst, dass Sie ein Mann sind, mit dem man ins Geschäft kommen kann. Zwanzigtausend plus Spesen. Und den Tanqueray nicht vergessen.«

Er hatte aufgelegt. War wohl nicht sein humorvoller Tag heute.

Aber er wird entschädigt werden, dachte ich. Er wird sich wundern …

Offenbarung

Ich sah ihn schon aus der Ferne. Wo der Weg nach der letzten, der steilsten Steigung den Wald verlässt und flacher zur Alm hin ausläuft. Die Stelle, wo ich im Winter immer mit dem Auto im Schnee stecken bleibe. Die Stelle, wo ich fast unter den Mähdrescher geraten wäre und ein Piercing am Ohr davongetragen habe.

Er hatte einen Trachtenhut auf. Tarnung?

Rucksack. Mit dem Geld und dem Gin drin?

Er wischte sich mit dem Taschentuch den Schweiß aus dem Gesicht. Er hatte noch eins. Ich hatte meines bei meinem heldenhaften Notfalleinsatz verloren. Macht einen Euro fünfzig mehr Spesen.

Er begrüßte mich überraschend rustikal:

»Kruzifix, ist das eine Hitz!«

»Grüß Gott, Bruder Rössle. Setzen Sie sich her zu mir in den Schatten. Eine kühle Blonde wartet schon auf Sie.«

Er lachte.

»Sie mit Ihren Weibergeschichten, Bruder Bär!«

Brüder waren wir geworden.

Kain und Abel waren auch Brüder.

Ich sagte:

»Wie wär's, wenn wir eine kleine Wanderung nach Oberberg machen? Im Gehen redet sich's leichter. Auf dem Kamm entlang, links Kempten, rechts Neuschwanstein. Ungefähr.«

»Schöne Aussichten«, sagte er.

Nach zwei kühlen Blonden sagte ich:

»Gehen wir?«

»Ja, gehen wir!«

Ich zog mir meine Wanderschuhe an.

Er zog sich seine Wanderschuhe aus.

»Ich dachte, wir gehen.«

»Klar gehen wir.«

»Und die Schuhe?«

»Ich geh barfuß.«

»Barfuß?«

»Ja, am liebsten.«

»Da kommen aber auch Steine und Asphalt und Geröll und Disteln ...«

»Wissen S', Bruder Bär, als Bub waren Schuhe ein Luxus. Wir Kinder sind den ganzen Sommer und den halben Winter nur barfuß gelaufen ... Das bleibt!«

»Sie haben's gut gehabt. Ich durfte nicht barfuß laufen. Meine Mutter hat mich eher städtisch und vornehm erzogen.«

Er lachte laut auf.

»Städtisch und vornehm ... Davon ist aber nicht viel geblieben, außer den Schuhen an den Füßen!«

Ich überhörte den Seitenhieb. Auf die Erziehung meiner Mutter lasse ich nichts kommen. Auch wenn er recht hatte. *Quod licet Iovi non licet bovi.* Was dem Göttersohn erlaubt ist, darf der Dorfdepp noch lange nicht. Mit seinem blöden Gelache.

Wir machten uns auf den Weg. Ich mit Schuhwerk, er barfuß.

»Also«, sagte er.

»Also«, sagte ich. »Der Fall ist aufgeklärt.«

»Wie ist der Theo gestorben?«

»Unnatürlich. Für einen Menschen unnatürlich. Für ein Schwein natürlich.«

»Versteh ich nicht.«

»Er ist mit einem Schweineschlegel erschlagen worden. Fachmännisch.«

»Ach da schau her ...«

Er tat, als hätte er gerade das Evangelium vernommen. Fragte hochinteressiert:

»Von einem Profi?«

»Ja, in etwa. Von einem Metzger. Aber eines nach dem anderen. Er hat sich an dem Samstag vor Trinitatis wie immer gründlich auf die Sonntagsmesse vorbereitet. Er war ganz darauf konzentriert. Hat sein Messgewand anprobiert. Er war da ziemlich pedantisch. Alles musste blitzsauber sein, alles musste stimmen. Kein Fusselchen, kein Stäubchen, nix. Und auf einmal hat sein Mörder zugehauen. Von hinten. Ein sauberer Schlag, wie bei einer Sau, ohne Blut, und er war tot. Dann haben sie ihn aufgehängt, direkt vors Kreuz.«

»Wer, sie … mehrere?«

»Es waren zwei. Der Mastermind: Adolf, der Messner. Er war schon todkrank, Prostatakrebs, aber im Kopf war er noch ganz hell. Er hat es mit seinem Spezi ausgeheckt.«

»Und wer war sein Spezi?«

»Der Toni. Der Dorfirre. Metzger a. D.«

»Nein!« Rössle schüttelte ungläubig den Kopf. Er atmete tief durch. Wie erleichtert.

»Doch.«

»Und wie sind Sie draufgekommen?«

»Sie haben mir ja den Abschiedsbrief gezeigt. Woher Sie den haben, weiß ich noch immer nicht.«

Er schwieg.

»Aber ich krieg es noch raus.«

Schmunzelte er?

»Sie haben gesagt, dass sich der Theo nicht erhängt haben kann, es hat nicht zu ihm gepasst. Und der Abschiedsbrief auch nicht. Ich bin dann abends nach unserem ersten Treffen noch in die Kirche runter. Hab mir vom Messner Adolf den Schlüssel besorgt. Und ihn wieder in sein Haus zu seiner Frau geschickt. Fernsehen. ›Wetten dass …?‹. Ich hab dann eine Leiter gesucht, und von der Empore runtergeschleppt. Ziemlich schwer. Aber ich bin ja in Form.«

»Ja, ich weiß, Sie Marathon-Irrer. Aber Marathon läuft man ja mit den Füßen.«

»Ich bin auch in der oberen Etage ganz gut beinander. Klimmzüge, Liegestützen. Täglich.«

»Oha!«

»Hab ich mir mal angewöhnt, vor zwanzig Jahren, als es einen Allgäu-Urlaub in Großdingharting verregnet hat. Wenn man nicht laufen kann, tut man halt stemmen.«

»Ja, und dann …?«

»Dann hab ich die Leiter aufgestellt. Einen Strick hab ich mitgebracht. Zum Ausprobieren, ob ich mich aufhängen kann. Ich bin da oben herumgeturnt, nahe bei meinem Herrn und

Heiland, und hab gemerkt: Da kann sich keiner aufhängen. Die Leiter ist zu kurz. Dann hat mir einer die Leiter unterm Hintern weggetreten, und ich bin am Kruzifix gehangen wie ein Aff.«

Rössle lachte.

»War nicht ganz so lustig. Ich hab mich dann runtergelassen und bin gesprungen, auf den Steinboden, zum Glück nicht auf die Kante, sondern wo es eben ist, bin abgerollt, Sie wissen, ich war mal Fußballer, da hat man das Fallen in den Knochen …«

»Ja, schon recht. Superman.«

»Dann kam der Adolf, was ist denn los und so weiter, ich dachte erst, er war's, der mir die Leiter weggestoßen hat, aber er kann es nicht gewesen sein, er hat ein Alibi, er ist neben seiner Frau, der Johanna, vorm Fernseher gehockt … Wir haben dann die Leiter wieder auf die Empore geschleppt. Er hat es kaum gepackt, geschnauft hat er wie am Verrecken, und ich wusste: Er kann's nicht gewesen sein. Und dann hab ich haarscharf geschlossen: Es müssen zwei gewesen sein. Ich wär da mit einer Leiche auch nicht raufgekommen. Aber ich wusste nicht: Wer war der Zweite?«

»Und der Abschiedsbrief?«

»Das war das Werk vom Adolf. Er hat ihn geschrieben und nach vollbrachter Tat auf den Tisch in der Sakristei gelegt.«

»Und wie sind Sie dann auf den Zweiten gekommen?«

»Ich hatte zwei Spuren. Nach meinem Kruzifixsprung bin ich noch in den ›Schwarzen Adler‹. Dann hab ich mich auf den Heimweg gemacht. Auf einmal hör ich eine dicke Landmaschine zum Heumachen hinter mir herkommen, die Achse so breit wie der Weg, volles Rohr beleuchtet, sie will mich über den Haufen fahren. Ich spring mit einem Hecht über den Weidenzaun …«

»Sie waren sicher auch süddeutscher Meister im Hochsprung, wie ich Sie kenne.«

»Nein, zu viel der Ehre. Aber im Turnabitur eine eins.«

»Also doch.«

»Aber in der Nacht bin ich nicht hoch genug gehechtet. An dem verrosteten Stacheldraht hab ich mir ein Ohr halb abgerissen.«

»Ah, deshalb das Ohr, ich hab mich schon gewundert. Hab geglaubt, es wär der Anfang von einem Piercing.«

»Nein, Klammern. Und raten Sie, wer mich so schön geklammert hat? Ihr Schatzilein. Dr. med. Vasthi Graf.«

»Das tut jetzt nichts zur Sache«, sagte er unwirsch.

»Der Schock kam erst nachher, als ich mich wieder aufgerappelt hatte. Das Gras am Straßenrand war knöchelhoch abgemäht. Zwei Weidepfähle auch. Glatt wegrasiert. Ein Job, präzise wie mit einem chirurgischen Skalpell.«

»Er hat den Mäher ausgefahren gehabt?«

»Er wollte mich ummähen.«

»Und wer?«

»Im Rückblick bin ich sicher, es war der Toni. Ich sah, dass der Fahrer eine lange Mähne hatte, dachte, vielleicht war eine Frau am Steuer, vielleicht die Johanna. Die Frau vom Messner. Oder die Frau vom Toni. Die hab ich auch schon mal mit Pferdeschwanz gesehen. Aber dann erinnerte ich mich, dass der Toni auch einen Pferdeschwanz hatte.«

»Dürftiges Indiz!«

»Stimmt, aber Kleinvieh macht auch Mist. Der nächste Hammer passierte am Sonntagabend. Ich war beim Volksfest in Mühltal, der Toni war auch da, und der Adolf, und als es Nacht wurde, bin ich heim. Alle waren ziemlich blau. Ich auch. Im Wald hat mich der Toni eingeholt und mich fast erschlagen. Mit einer Axt. Wenn er nicht so besoffen gewesen wäre, hätte er es auch geschafft. Ich lag schon auf der Schlachtbank. Aber ich bin noch einmal davongekommen.«

»Sie waren wahrscheinlich bayerischer Meister im Ringen oder Karate.«

»Nein, Fußball genügt. Ich bin in letzter Sekunde aufgesprungen und hab einen super Abschlag in seine Eier gemacht.«

»Au!«

»Ja, das hat er auch gemeint. Etwas lauter und länger.«

»Aber es beweist noch nichts!«

»Richtig. Das dritte Indiz ist an meiner Nase zu sehen.«

»Ja, noch ein bisschen geschwollen.«

»Und tut gescheit weh! Immer noch. Jemand besuchte mich

nachts auf meiner Alm. Als ich die Tür aufmachte, bekam ich eins auf die Nase.«

»Von wem?«

»Wusste ich auch nicht. Ich fuhr wieder ans Kemptener Klinikum. Ihre … na ja … Bekannte, die Dr. Graf, hat mir den Clou gegeben. So was kann nur ein Fachmann, hat sie gesagt. Und von meiner Friseuse, die zugleich meine Nachbarin ist, wusste ich, dass der Toni Metzger gelernt hatte. Und von seiner Frau auch.«

»Warum hat er das gemacht?«

»Er wollte mich einschüchtern. Er wollte mich nicht umbringen. Die Geschichte mit der Axt nach der Kirchweih in Mühltal war Affekt. Da ist ihm die Sicherung durchgebrannt. Wenn er mich hätte umbringen wollen, hätte er es leicht gekonnt. Nein, er wollte mich einschüchtern, er wollte, dass ich aufhöre, meine Nase in die Sache zu stecken, damit nichts rauskommt. Und zwei Morde hätten sich vor Gericht noch schlechter gemacht als einer. Wirklich durchgedreht ist er dann, nachdem ich dem Adolf die Beichte abgenommen und die Letzte Ölung gegeben habe.«

»Sie?«

»Ja, ich bin doch ordinierter Geistlicher, wie Sie. Mit dem Adolf ist es zu Ende gegangen, das hab ich gesehen. Er hat mich zu sich kommen lassen ins Krankenhaus und mir alles ›gestanden‹. Angelogen hat er mich: dass er es war, der den Theo erschlagen und aufgehängt hat. Und dass er mir die Leiter unterm Hintern weggestoßen hat. Und dass er mich ummähen wollte, wie ich nachts heimging. Alles erstunken und erlogen. Er war zu schwach, um den Theo umzubringen und aufzuhängen, und von seiner Frau weiß ich, dass er an dem Abend, als ich das Aufhängen ausprobiert habe, mit ihr die ganze Zeit beim Fernsehen war. Er muss gemerkt haben, dass ich gemerkt hab, dass er mich angelogen hat …«

Rössle schüttelte den Kopf.

»Als ich von dem halbtoten Adolf weg bin, hab ich den Toni ins Krankenhaus gehen sehen. Ich vermute, der Adolf hat dem Toni alles erzählt und ihm auch gesagt, dass ich ihm seine Beichte nicht wirklich ›abgenommen‹ habe. Ich hab ihm seine Sünden vergeben, aber geglaubt hab ich ihm nichts. Daraufhin musste der Toni schauen, wie er mich davon abbringt, weiter nachzuforschen. Deshalb hab ich eins auf die Nase gekriegt.«

»Langsam«, sagte Rössle, »warum hat der Adolf gelogen? Er hat ja damit praktisch den Toni aus dem Schneider gebracht. Er hat ihn mit seiner verlogenen Beichte völlig entlastet. Warum?«

»*Niemand hat größere Liebe als die, dass er sein Leben lässt für seine Freunde.* Johannes, Kapitel fünfzehn, Vers dreizehn.«

»Das versteh ich nicht. Da brauch ich Nachhilfe. Theologisch.«

»Ganz einfach. Adolf und Toni waren Freunde. Gute Freunde. Sehr gute Freunde. So gute Freunde, dass der Adolf sein Leben für seinen Freund gegeben hat. Was nicht so heroisch war, denn er musste sowieso dran glauben. Krebs. Terminal. Final. Aus. Er lag schon auf dem Totenbett. Aber auch den Krebs hatte er vom Freund, sozusagen.«

»Noch mal langsam: Die beiden waren Freunde, und der Adolf wollte den Toni raushauen, weil er sowieso schon sterben musste?!«

»Ja, er dachte sich wohl, wenn ich schon sterben muss, kann ich auch gleich die ganze Schuld mit ins Grab nehmen. Auch die Schuld von meinem Freund. Es war praktisch, ökonomisch, aber das Motiv war trotzdem die Liebe. Sie waren Liebhaber. Schwul. Verbunden durch gemeinsames Unglück. Der Adolf hatte Prostatakrebs. Es war eine sekundäre Erkrankung, wenn Sie verstehen, was ich meine.«

»Nein. Oder doch: Was war dann die primäre Erkrankung?«

»Aids.«

»Aids?«

»Ja, Aids. Ich hab mit der Frau Dr. Graf gesprochen, Sie kennen Sie ja …«

Willibald Rössle warf mir schon wieder einen zornigen Blick zu.

»Ich war ja inzwischen fast Stammgast bei ihr. Sie hat mir gesagt, dass der Prostatakrebs eine indirekte Folge von Aids war. Aber sie wollten keinen Zirkus im Krankenhaus haben, und die Aids-Diagnose blieb unerwähnt in den offiziellen Papieren. In dem Zustand konnte er keinen mehr anstecken, wenigstens nicht auf die übliche Art, und sie haben ihn sowieso mit Hygienehand-schuhen angefasst, wie sie es routinemäßig tun, und er lag isoliert in seinem Einzelzimmer. Sterbezimmer.«

Wir waren oben am Kamm angekommen. Blickten nach Westen über das weite Land, auf die Autobahn, die sich an Kempten vorbeizog, und nach Osten zum Domizil von Ludwig II. und die ganze Bergkette bis zum Grünten hinüber. Weite. Sonne. Schönheit. Frieden.

»Wie kann man in einer solchen heiligen Umgebung solche schlimmen Sachen machen?!«

Willibald Rössle schüttelte den Kopf.

»Ja«, sagte ich, »wenn man hier raufkommt, denkt man, man ist im Paradies. Aber leider färbt die Landschaft nicht auf die Leute ab.«

»Ja, dabei wirken die Menschen hier so grundständig, so solide, gehen sonntags noch in die Kirche …«

»Und bringen dort den Pfarrer um … Diese Kultur in Tal und in vielen Dörfern hier ist einerseits ganz modern, mit Fernseher und allem, Koedukation, Inklusion, integrative Kindergärten, Quotenfrauen in der CSU, modernes Kreuz in der alten barocken Kirche, Windsurfing, Bikinis, Bauchpiercing, Frauen rauchen, Bauern haben ihre iPods ins Ohr gestöpselt beim Heuen … und zugleich eine archaische Herde, die Mannsbilder unter sich, die Weiber eine verschworene Geheimgemeinschaft. Die Männer hassen die Schwulen, offiziell, und Aids heißt Prostatakrebs, wirklich eine archaische Herde … Apropos Herde, vor uns ist auch eine, da auf der Weide, da müssen wir jetzt durch.«

Der Weg führte durch eine Kuhweide am Hang. Ich vermied diesen Weg, wenn ich allein war, weil ich mich nicht durch die Herde gehen traute. Aber heute war ich nicht allein, mein Stief-bruder im HERRN Willibald Rössle war neben mir, wir stiegen über den Weidenzaun, und von da an hielt ich mich hinter ihm.

»Hallo, wo bleiben Sie denn?«

Er schaute sich um. Die Kühe grasten und wiederkäuten in Ruhe weiter. Kühe haben vier Mägen, da gibt es eine Menge wiederzukäuen. Leider verlief der Weg mitten durch die Wie-derkäuer.

Ich sagte:

»Wenn's an Kühe geht, bin ich ein bisschen zurückhaltend. Ich bin ein Stadtkind. Ich weiß, wie man mit Müllautos, Ferraris und Motorrädern umgeht, aber mit Rindviechern bin ich vorsichtig. Keine Erfahrung. Und man liest ja immer wieder, dass ein paar Preußen von den Rindern umgetrampelt werden.«

Rössle sagte:

»Von nix kommt nix. Da sind die selber schuld. Eine Kuh trampelt nicht ohne Grund einen Menschen um, nicht einmal einen Preußen ... Eine Kuh ist von Natur aus Phlegmatiker. Kühe sind gutmütig, träge, phlegmatisch. Stiere sind anders. Aber hier sind ja keine Stiere dabei. Allerdings Kälber. Da werden die Alten leicht nervös.«

»So wie die Mütter in der Kinderklinik. Die lassen auch keinen an ihre Kleintiere ran. Seelsorge hin oder her.«

»Ja, Schutzinstinkt. Deshalb gehen wir jetzt nicht auf dem Weg mitten durch die Herde, sonst kommen die auf falsche Gedanken. Wir machen einen großen Bogen. Sie haben dann genug Platz, und wenn sie Platz haben, sind sie gutmütig. Nur wenn sie in die Enge getrieben werden ...«

»Wie der Toni und der Adolf ...«

»Genau. Und wir gehen am Zaun entlang, dann könnten wir im Notfall, der nicht eintritt, einfach mit einem Satz drüberspringen. Sie haben ja Erfahrung«, lachte er und schaute meinen Ohrenschmuck an.

Was ich ignorierte.

»Außerdem«, sagte ich, »kann ich gut laufen. War Rechtsaußen beim FC Diedorf. Kleiner Fußballverein. Bei Augsburg.«

»Kenn ich«, sagte er. »Im Schmuttertal. Aber laufen nützt Ihnen bei Kühen nichts. Kühe sind rasend schnell, denen laufen Sie nicht davon. Vielleicht auf der Aschenbahn im Stadion vom FC Diedorf, aber nicht in dem Gelände hier. Und wenn so sechshundert bis achthundert Kilo lebendiges Rindfleisch über Sie hinwegdonnern, sehen S' auch nicht mehr so gut aus.«

Wie der Toni nach meinem Knieeinsatz in seinem Gesicht, dachte ich.

Ich sagte:

»So viel wiegen die?«

Er sagte: »Eine davon. Eine einzelne. Sechshundert bis acht-hundert Kilo. Ohne Milch.«

»Ach«, sagte ich, »hier ist ein Stecken.«

Ich hob ihn auf. Meine Nachbarin mit dem Piercing im Bauch hatte auch immer einen Stecken zum Kühe raus- und heimtrei-ben, und alle folgten ihr.

»Legen S' den Stecken wieder weg«, sagte Willibald Rössle. »Der nützt Ihnen nix. Man muss ihn benützen können. Es stimmt, die Viecher sind an den Augen und an der Nase ganz sensibel. Aber Sie müssen genau da hinhauen, wo es ihnen wehtut. Und Sie haben nur einen Schlag.«

Ich dachte an den Toni. Der hatte das heraus mit dem einen Schlag. Meine Nase erzählte immer noch ein Lied davon. Einen Schlager …

»Wenn der Schlag nicht sitzt, sitzen ganz schnell achthundert Kilo auf Ihnen. Und die werden Sie nicht stemmen!«

»Ho ho ho hoo«, schrie er auf einmal.

Wie alle Bauern mit ihren Herden.

»Ho ho ho.«

Wie ein Weihnachtsmann aus Amerika.

Ich sagte:

»He, machen S' doch die Viecher nicht verrückt. Vielleicht merken die gar nicht, dass wir da durchgehen. Aber wenn Sie so plärren …«

»Man muss plärren. Kühe haben nur ein eingeschränktes Blickfeld. Aber gute Ohren. Wenn man leise an ihnen vorbei-schleicht, steht man, von ihnen aus gesehen, plötzlich vor ihnen, sie erschrecken und denken: Oha, ein Überfall, und wehren sich. Deshalb muss man plärren. Dann wissen sie: Jetzt kommen die Rindviecher, die Urlauber, die Preußen.«

»Ah.«

Ich folgte ihm ehrfürchtig, er barfuß wie ein Heiliger, und wir erreichten unbehelligt die andere Seite der Weide, stiegen über den Zaun, und setzten unseren Weg fort.

»Alle Achtung«, sagte ich, »Sie sind ja ein richtiger Kuhflüs-terer!«

»Ja. G'lernt ist g'lernt!«

Die Aussicht wurde nun noch weiter, ein Rund-Panorama, wie es sonst nur das neue Röntgengerät meines Zahnarztes von meiner Zahnlandschaft bietet.

Willibald Rössle sagte:

»Nach der archaischen Einlage durch die Herde müssen Sie mir jetzt endlich verraten, warum der Theo umgebracht wurde. Wie, das weiß ich jetzt: Der Toni hat ihn erschlagen, der Adolf hat den Abschiedsbrief geschrieben, und die beiden haben ihn am Kruzifix aufgehängt. Warum? Wieso? Wo ist das Motiv?«

Ich sagte:

»Vom Adolf seiner Johanna hatte ich den Eindruck, dass sie arg um den Theo trauert. Zu arg. Von ihr wusste ich, dass sie mit ihrem Mann seit über einem Jahr nicht mehr geschlafen hat. Und von meiner Friseurin wusste ich, dass sie schwanger war. Aber die Hunderttausend-Euro-Frage war: Schwanger von wem?«

»Na ja, da legt sich schon ein gewisser Verdacht nahe. Aber das tät vor keinem Gericht standhalten.«

»Muss es auch nicht. Nur vor Ihnen.«

»Und haben Sie es dann rausgekriegt, wer der Vater ist? Und wie?«

»Wo ich die Geschichte zweifelsfrei erfuhr, war bei der Toni. Ihr kleiner Bub, das Peterle, hat es mir verraten, als ich ihr einen Besuch abgestattet habe.«

»Wie, hat er es gewusst? Wie alt ist der denn?«

»Knappe zwei.«

»Spinnen Sie?«

»Meine psychoanalytische Ausbildung bei den Kleinianern in Australien kam mir zu Hilfe. Die Melanie Klein hatte um 1930 herum eine Methode der Kindertherapie entwickelt. Sie schaute zu, wie Kinder spielen, und zog daraus Schlüsse auf ihr Seelenleben. Ich hab dort bei den Kleinianischen Psychoanalytikern gelernt, dass Kinder einem die schönsten und geheimsten und wahrsten Geschichten erzählen, wenn sie spielen. Ich schaute dem kleinen Peterle beim Spielen zu. Mit seinen Bauklötzen.«

»Jetzt wird's aber ... ich weiß gar nicht, wie ... wie soll ich

sagen … das ist schon weit hergeholt … absurd … hoch spekulativ …«

»Genau. Spekulativ. Ich habe geschaut, und sah zu, wie der
Bub seine Eisenbahnen, zwei, aufeinander zufahren ließ. Ich
mach's kurz. Eine Lokomotive ist der Papa, die andere ist die
Mama. Wenn sie zusammenbumsen, wissen wir, dass das Kind
weiß, dass seine Eltern miteinander schlafen. Bumsen eben. Die
Züge vom Peterle sind aneinander vorbeigefahren. Daneben. Da
wusste ich, dass die Eltern ›nebenhinaus‹ gehen. Wie man hier
sagt. Neben-naus-gehen. Und wo fährt der Mama-Zug hin? Er
bumst in den Turm. Der einzige Turm im Dorf ist der Kirchturm.
Der Turm vom Theo. Der Turm ist der Theo. Alles klar?«

»Phantastisch … unglaublich … das dürfen Sie aber niemandem
im Ernst erzählen, sonst landen Sie im Irrenhaus in Kaufbeuren.«

Ich ignorierte den laienhaften Kommentar.

»Die Toni hat mir dann auch gesagt, dass sie mit ihrem Toni
seit geraumer Zeit nichts mehr hatte. Im Bett. Er schlief ja auch
im Gartenhaus. Und trotzdem war die Toni schwanger. Von
wem?«

Er schaute mich gespannt an.

»Der Adolf erzählte dem Toni kurz vor seinem Ende, dass seine
Johanna und die Toni vom Toni beide vom Theo schwanger sind.
Das war für den Toni etwas zu viel. Dazu kam die Beerdigung
von seinem Liebhaber Adolf. In der Kirche, bei der Totenmesse,
drehte er durch. Danach hat er sich beim Leichenschmaus so
zugedröhnt, dass er abends dann vollends durchgeknallt ist. Er
ist sturzbesoffen mit einem Metzgermesser in der Hand in sein
Gartenhaus. Die Polizei meint, in seinem Delirium hat er sich
den Schwanz abgeschnitten und ist verblutet, und weil er im
Bett geraucht hat, ist er auch noch verbrannt. Soweit man das
überhaupt rekonstruieren konnte.«

Die näheren Details brauchte Bruder Rössle nicht zu wissen.
Er sagte:

»Dann haben die beiden, der Adolf und der Toni, den Theo
umgebracht, weil sie sich dafür rächen wollten, dass der Theo
ihre Frauen geschwängert hat.«

»Genau so ist es. Das ist die Wahrheit.«

Ich sagte nicht: die ganze Wahrheit. Aber es war die Wahrheit. Eine Kurzfassung davon.

Rössle fragte:

»Und warum haben sie ihn nicht einfach heimlich umgebracht und verscharrt? Warum die Demonstration mit dem Kreuz in der Kirche?«

»Genau das: Eine Demonstration sollte es werden. Aber das ging ihnen schief. Die Organistin, die Olivia Obholzer, kam an jenem Sonntagmorgen einfach zu früh in die Kirche. Weiß Gott warum. Geplant war von den beiden ganz großes Kino: Der Pfarrer hat sich erhängt, alle sollen es sehen, weil er so ein Schwein war. Sie wollten ihn nicht nur beseitigen, sie wollten sich an ihm rächen. Narzisstische Wut nennt man so was. Die beiden waren so gedemütigt, so sehr als Männer verarscht, dass sie ihrem Opfer eine noch größere Demütigung zufügen mussten. Und sie hatten beide auch einen Hass auf die Kirche, und da wäre es ihnen ganz gelegen gekommen, wenn die Kirche auch noch ein Stück Demütigung abgekriegt hätte. Aber es kam ja nicht so weit. Wie gesagt, die Obholzer erschien zu früh und alarmierte den Notarzt. Und dann kam die Feuerwehr, zuerst der Hauptmann, und dann die Notärztin, Sie kennen sie ja, und dann erst die Polizei, die war im Stau stecken geblieben … und so wurde nichts aus der Show. Eigentlich erstaunlich, wie die Geschichte dann auf Sparflamme ablief. Alle glaubten, der Theo wäre nun schlicht und einfach tot umgefallen, und alle glaubten es, weil es so in der Zeitung stand. Schon komisch.«

Willibald Rössle schwieg. Kein Kommentar. Keine Frage.

Wir waren in Oberberg angekommen.

Wir kehrten in der »Deutschen Eiche« ein. Ein schöner schattiger Biergarten. Unter einem Kastanienbaum. Neben einem himmelhohen Maibaum. Am Dorfbrunnen stand »Kein Trinkwasser« und ein Plakat: »Heute 20.00 Uhr Gästeschießen im Bürgerhaus«.

»Gefährliche Gegend hier«, sagte ich, »Pfarrer werden erhängt, Gäste erschossen.«

Eine frische, goldfarbene Halbe Bier stand vor jedem von uns beiden, der Tau lief am Glas herab.

»Broscht!«, sagte ich.

Er sagte: »Broschd! Mein lieber Scholli!«

»Was darf's denn sein?«, fragte die Bedienung. Sie trug ein Dirndl. Junges Ding.

»Wir müssen noch schauen.«

Wir schauten in die Speisekarten.

Ich sagte.

»Seniorenteller ... so eine Unverschämtheit!«

Rössle fragte:

»Warum?«

»Weil ich das eine Beleidigung finde. Reine Altersdiskriminierung. Als würden die Alten was anderes zum Essen brauchen als die Jungen.«

»Es gibt ja auch Kinderteller.«

»Das wär mir noch sympathischer. Aber was ist der Unterschied?«

»Keine Ahnung!«

Die Bedienung stand schon wieder da.

»Schon was gefunden?«

Ich sagte:

»Wir sind da auf eine Frage gestoßen. Vielleicht können Sie uns aufklären. Was ist der Unterschied zwischen einem Seniorenteller und einem Kinderteller?«

Sie errötete leicht, was ihr gut stand, sagte:

»Also ... eigentlich ... keiner ... nur ... ja richtig: Bei dem Kinderteller, da sind Pommes drauf ...«

Ich: »Und bei dem Seniorenteller ...?«

Ihre Morgenröte im Gesicht wurde zur Abendröte und weitete sich auf den Hals aus bis zum Ansatz ihres Kälbchenbusens.

»Bei den Seniorentellern gibt's ... Püree ...«

Rössle lachte dreckig.

Er hatte gut lachen. Er war noch unter fünfundsechzig. Ich schon drüber. Er war noch Pommes, ich schon Brei.

Ich sagte zur Bedienung:

»Dann möchte ich bitte einen Brotzeitteller. Für Erwachsene ... Aber der ältere Herr hier möchte vielleicht einen Seniorenteller ...«

165

Rössle lachte nicht mehr dreckig.

Er tat nur noch so, als ob er lachte, sagte:

»Für mich auch einen Brotzeitteller!«

Die Bedienung verschwand. Erleichtert.

Als wir unsere Brotzeitteller für Erwachsene gegessen und bezahlt hatten, standen wir auf.

Ich sagte:

»Da gibt's noch was zu klären. Honorar.«

Er sagte:

»Ach, diese Erpressergeschichten schon wieder …«

Ich sagte:

»Aufm Rückweg dann …«

Sanctus

Auf dem Rückweg erfuhr ich nichts. Warum zum Beispiel der
»Abschiedsbrief« vom Theo verschwunden war und wie Rössle
ihn bekommen hatte. Oder was das für ein Techtelmechtel war
zwischen ihm und der Dr. Graf. Willibald Rössle war bereit,
die zehntausend Euro mehr zu bezahlen. Ich lieferte ihm einen
guten Grund: Ich sagte, die Erpressung fände aus humanitären
Gründen statt. Die beiden Frauen, Johanna und Toni, beide
verwitwet, beide schwanger, bräuchten Geld. Für die unge-
borenen Kinder.

Ich sagte, ich gäbe den beiden mein Honorar. Zwanzigtausend
plus zehntausend Euro.

Für mich war es auch eine Spende an mein Gewissen. Ohne
meine Schnüffelei wäre wahrscheinlich der Toni noch am Leben.
Den Toni hatte ich auf dem Gewissen. Der Adolf wäre sowieso
verendet.

Als wir wieder an der Herde vorbeikamen und eng am Weidenzaun wanderten – die Lektion über die Kühe hatte ich von
meinem Kuhflüsterer gelernt – sagte er:

»So ein Dorf ist wirklich archaisch wie eine Herde.«

Er schüttelte den Kopf. Blickte hinunter auf Tal. Auf den See.
Auf den Grünten.

Sagte:

»Das Paradies. Und die Menschen machen sich die Hölle heiß.
Männer und Frauen. Männer gegen Frauen.«

Ich sagte:

»Theo hat eine Sünde begangen, für die er gekreuzigt wurde.
Er hat die Grenzen verwischt. Das Dorf hat Grenzen zwischen
Männern und Frauen. Männer sind Männer, Frauen sind Frauen.
Wenn Männer schwul sind, bleibt das geheim. Damit die Män-
nerwelt in Ordnung bleibt. Aber die Frauen haben auch ihre
Welt.«

»Wieso?«

»Jedes Mal, wenn ich mit meiner Nachbarin, der Friseurin,

redete, wurde sie störrisch wie eine Gams, wenn ich auf die Frauenwelt zu sprechen kam.«

»Und wie ist die Frauenwelt?«

»Anders und doch so ähnlich wie die Männerwelt.«

Er musste ja auch nicht alles wissen. Das war meine Rache dafür, dass er mich auch nicht wissen ließ, was er mit der Dr. Graf zu tun hatte. Und wie die Legende vom Herztod des Theo so schnell für wahr gehalten wurde. Und warum er mir wie ein Komplize beistand, damit ich mich ungestört mit der Frau seines Jugendfreundes treffen konnte. Da waren noch einige Rechnungen offen.

Am Abend saßen wir vor der Alm. Schauten der Sonne beim Untergehen zu.

Tranken.

Zu viel.

Unbemerkt waren wir beim Du angekommen.

Du, Willi.

Du, Emil.

Bei unserer Schulzeit in Augsburg.

Bei unseren Kindern.

Ich bei meinem.

Er bei seinem.

Nach Mitternacht war uns alles wurscht.

»Du hast es gut«, sagte er. »Du hast deinen Job hinter dir. Ruhestand. Du kannst machen, was du willst.«

»Ja, wenn nicht einer kommt und sagt, was ich machen muss, weil er mich sonst verpfeift.«

»Freiheit ist, wenn man sich selber verpfeift.«

»Wie, was?«

»Mir kommt da so eine Idee.«

Er verriet mir seine Idee.

»Willi«, sagte ich, »du bist brillant. Du bist ein Genie. Ich liebe dich.«

»Oha, wie viele Jahrzehnte ist das her, dass ich den Satz zum letzten Mal gehört habe …«

»Wie viele?«

»An die vierzig … Ich war ein junger Student. Verliebt. Sie wurde schwanger. Wir wollten heiraten. Da kam ein anderer.«

Seine Stimme wurde brüchig. Er schnaufte. Er stockte. Er hatte Tränen in den Augen.

Ich sagte:

»Tut noch immer weh …?«

»Zeit heilt Wunden. Aber nicht alle.«

»Und sie …«

»Sie ist zu ihm. Das Bittere ist: Er war mein Freund. Mein bester Freund. Ich bin ins Priesterseminar gegangen …«

Seine Stimme wandelte sich noch mal, als er laut und entschlossen sagte:

»Und jetzt geh ich wieder raus!«

»Wo raus?«

»Aus dem Priesterseminar.«

Es ist nie, es ist nie, es ist nie zu spät …

Am Ende, und ich weiß nicht mehr, zu welcher Nachtzeit das Ende war, als wir nicht mehr reden konnten, fing einer von uns beiden, ich weiß nicht mehr, ob er oder ich, unter dem Sternenhimmel an zu summen:

Großer Gott wir loben dich.

Wir summten.

Herr, wir preisen deine Stärke.

Wir sangen.

»*Vor dir neigt die Erde sich*
Und bewundert deine Werke.«

Wir schmetterten.

»*Wie du warst vor aller Zeit,*
so bleibst du in Ewigkeit.«

Ich sagte:

»Das haben wir immer zum Abendmahl gesungen. Und im Heilungsgottesdienst, da kamen mehr katholische als evangelische, da sangen wir: *Heilig, heilig …*«

Willibald Rössle nahm die Zeile auf:

»*Heilig, heilig, heilig, heilig ist der Herr!*
Heilig, heilig, heilig, heilig ist nur er!«

Ich stimmte ein, wir sangen zu zweit:

»*Er, der nie begonnen,*
er, der immer war,
ewig ist und waltet,
sein wird immerdar.«
Dann erhoben wir uns, wankend, der Mond war aufgegangen, der See spiegelte ihn in seinem schwarzen Spiegel, wir sangen voller Inbrunst:
»*Heilig, heilig, heilig, heilig ist der Herr!*
Heilig, heilig, heilig, heilig ist nur er!
Allmacht, Wunder, Liebe,
alles rings umher!
Heilig, heilig, heilig, heilig ist der Herr!«
Man kann so schön schunkeln dazu!

Wir erwachten, weil wir fröstelten, die Sonne ging auf.
»Ohhh ohhh ahhh, mein Kopf …«
»Hast ein Aspirin?«
Ich brachte uns eine Schachtel Aspirin.
Reichte ihm eines, in Wasser gelöst.
»*Schmecket und sehet, wie freundlich der Herr ist.*«
Er antwortete:
»*Wohl dem, der auf ihn trauet.*«
Ich sagte:
»Gelobt sei Jesus Christus.«
Er:
»In Ewigkeit. Amen.«
Die Morgensonne wärmte uns.
Wie die Penner.
Wir versackten noch einmal in einem Tiefschlaf.
Den Seinen gibt's der Herr im Schlaf.
Und er gab uns eine Mordsidee! Sie war sogar noch brillant, als wir wieder nüchtern waren.

Jahrestagsreaktion

Auf den Tag genau ein Jahr war ins Land gegangen.

Ein Tag nach Himmelfahrt.

Ich saß an der Sonne vor der Alm und rauchte meine Morgenzigarette. Gauloises, die gelben. Der Gesundheit wegen.

Meine Nachbarin kam im Galopp angelaufen. Die mit dem Piercing am Bauch. Falls sie es noch dran hatte. Das Piercing.

Keine Ahnung.

Sie trug eine keusche weiße Bluse und winkte mit der Zeitung.

Aha, hat gewirkt!

Sie rief mir zu:

»Du stehst in der Zeitung!«

Sie kam heran, setzte sich zu mir in die Morgensonne auf die Bank vor der Alm. Sagte:

»Mit Bild. Farbig.«

Auf dem Frontblatt des Kemptener Tagblatts, das in die Allgäuer Rundschau eingelegt war, sah ich ein Bild. Ein Foto.

Es zeigte:

Emil Bär im Talar, mit Beffchen.

Willibald Rössle im Messgewand, mit Stola.

Zwischen beiden zwei junge Frauen. Jede hielt einen schwarzhaarigen Säugling im Taufgewand in den Armen.

Dazu vier Kinder zwischen zwei und zwölf.

Dazu, eher am Rande, eine blonde junge Frau, die eine auffallende Ähnlichkeit mit Willibald Rössle hatte. Neben ihr ein Mann etwa gleichen Alters, der niemandem ähnlich sah.

Meine Nachbarin sagte:

»Das ist ja ein Happy End, mit der Johanna und der Toni. Die beiden passen gut zusammen. Die waren schon immer dicke Freundinnen. Und jetzt wohnen sie auch noch beinander. Im Messnerhaus. In einer Wohngemeinschaft.«

Ich sagte:

»Der Text unter dem Foto schreibt aber etwas von einer Lebensgemeinschaft.«

Meine Nachbarin sagte:

»Ist doch das Gleiche.«

Sie wollte einfach nicht wahrhaben, dass die beiden seit jeher lesbisch waren. Es war ein Tabu. Alle im Dorf wussten es wahrscheinlich. Und sie waren wahrscheinlich auch nicht das einzige Lesbenpaar.

Sie sagte:

»Ich hab gar nicht gewusst, dass du regelmäßig in der Zeitung schreibst. Ich les den religiösen Teil nie.«

Reine Ablenkung. Über Schwul spricht man nicht.

Ich sagte:

»Ja, seit einem Jahr schreib ich die Kolumne ›Kruzifix‹. Jeden Samstag. Das hab ich schon vorher gemacht, in Würzburg, da hat sie ›Gott und die Welt‹ geheißen. Dann bin ich letztes Jahr gleich nach meinem Ruhestand zur Zeitung nach Kempten, und die haben mich mit offenen Armen aufgenommen. Sie haben mir meine Texte direkt aus der Hand gerissen.«

Wenn sie schon nicht über die Lesben in Tal reden wollte, log ich sie wenigstens ordentlich an. Außerdem war es die Version, die ich mir in Wahrheit vorgestellt hatte. Ich hatte mir vorgestellt, die hätten nur auf mich gewartet. Aber ich war aufs Peinlichste abgeblitzt, doch plötzlich drehte sich der Wind, der Chefredakteur wurde freundlich und bot mir großzügig eine Kolumne an. Und falls ich sonst noch Storys hätte. Oder Features. *Whatever.*

Ich konnte mir lange keinen Reim auf diesen wundersamen Gesinnungswandel machen. Vielleicht hatte er meine Manuskripte gelesen und fand sie so genial? Inzwischen wusste ich, dass das leider nicht die Erklärung war. Gottes Wege gingen anders, und das Ergebnis war nun in Wort und Bild in der Zeitung zu sehen. Der Artikel lautete:

»Auf der Gellehöhe über Tal am See vollzog sich bei Tagesanbruch am Himmelfahrtstag, was als ›Wunder von Tal‹ in die Geschichte der Region eingehen könnte. Zu einer Messfeier versammelten sich unter dem Kreuz auf der Höhe bei Sonnenaufgang zwei Geistliche der beiden großen Konfessionen, der katholische Priester Willibald Rössle und der protestantische Pfarrer Emil Bär, um die erste ökumenische Messe in der Diözese

Kempten zu feiern. Im Rahmen der Messe wurden zwei Kinder getauft, ein Junge auf den Namen Theo und ein Mädchen auf den Namen Dora. Ihre Mütter Johanna und Antonia sind beide verwitwet. Vor einem Jahr verstarben kurz hintereinander ihre Männer durch schwere Krankheiten. Das Bild zeigt die beiden Geistlichen, die zugleich das Patenamt für die Täuflinge übernahmen. Ebenso wurde während der Messe die Segnung einer gleichgeschlechtlichen Lebensgemeinschaft vollzogen. Die beiden Mütter wurden kirchlich getraut und werden ihre Kinder gemeinsam aufziehen. Während der Messe unter freiem Himmel erklang das *Sanctum*. Schließlich wurde auch noch Verlobung gefeiert zwischen dem Chefredakteur der Allgäuer Rundschau, Magnus Augstein, und der Oberärztin der Unfallchirurgie in Kempten, Dr. Vasthi Graf (im Bild rechts), einer Cousine von HW Rössle. Nach Taufe, Segnung und Verlobung erklang ein bewegendes *Großer Gott, wir loben dich* über das Wertachtal und den Talsee.«

Überschrift: »Ökumenische Messe zwischen Rottach und Wertach.«

»Ein schönes Bild und ein schöner Artikel«, sagte meine Nachbarin.

»Ja, ein genialer Artikel.«

»Ja, schon, aber warum genial?«

»Weil er alles so schön zusammenfasst und so bewegend geschrieben ist.«

»Ja, ich hab auch gleich feuchte Augen gekriegt, wie ich ihn gelesen hab.«

Ich sagte ihr nicht, warum der Artikel wirklich genial war. Er war schön, er war bewegend. Und er war das Kündigungsschreiben von Rössle an seine Vorgesetzten.

Ich sagte ihr nicht, dass es keine ökumenische Messe gibt. Geben darf. Auch Taufe nicht. Hohe Theologie. Feinstes Kirchenrecht. Ich erklärte ihr nicht lang und breit, dass eine Sakramentshandlung wie die Taufe nicht von zwei Geistlichen verschiedener Konfessionen als Messe gefeiert werden darf. Dass eine ökumenische Eucharistiefeier schlichtweg verboten ist. Wer das macht, fliegt. Ende. Es hatte auch keinen Sinn, ihr zu sagen, dass eine lesbische Trauung nicht sein kann. Wer das macht, fliegt noch mal. Noch mal Ende. Meine Nachbarin hielt an ihrem Glauben fest, die beiden Frauen lebten fortan in einer WG. Damit blieb das Tabu der Dorfgemeinschaft intakt.

Wenn die Kirchenleitung diesen Artikel mit dem Foto, das Rössle in mehrfachen Dienstverfehlungen zeigte, vor die Augen kriegte, hatte sie keine andere Wahl, als ihn auf der Stelle zu feuern.

Das einzig Erlaubte an der Zeremonie war die Verlobung des Chefredakteurs Magnus Augstein mit seiner Freundin Dr. Vasthi Graf. Dass sie eine Cousine von Rössle sei, war eine glatte Lüge. Ich hatte lange gedacht, sie wäre seine Geliebte, aber in unserer Alkoholnacht vor einem Jahr vertraute er mir an: »Sie ist meine Tochter!«

Mir wurde daraufhin klar, dass die Rössle-Graf-Augstein-Connection die atmosphärischen Schwankungen erklärte: Die Notärztin Dr. Graf war am Anfang sehr abweisend gewesen und hatte keine Mördergrube aus ihrem Herzen gemacht darüber, was sie von der Seelsorge hielt und insbesondere von mir als Seelsorger. Ich war ein Fremdkörper, ein gefährlicher. Ich wusste von der Olivia Obholzer, dass Theo Amadagio erhängt aufgefunden wurde. Sie erzählte das ihrem Vater, und so wusste Rössle, dass ich von Stunde null an schon an dem Fall dran war. Er musste mich neutralisieren, um nicht zu sagen erpressen – um rauszufinden, was wirklich war, und zugleich durfte es nicht an die Öffentlichkeit kommen.

Als Dr. Graf von ihrem Vater erfuhr, dass ich für ihn ermittelte, war sie auf einmal sehr kooperativ bis besorgt. Sie brachte mir nicht nur Ohr und Nase wieder in Ordnung. Sie warnte mich. Nur eines sagte sie mir nicht: Dass sie den Abschiedszettel vom Theodor Amadagio hatte mitgehen lassen und ihrem Vater gegeben hatte. Die Feuerwehr hatte den Theo abgehängt, sie war zuerst da. Das heißt, der Feuerwehrhauptmann. Wie es die Dr. Graf angestellt hatte, ihn zur Verschwiegenheit zu bringen, war mir lange unklar gewesen. Im Lauf des Jahres erfuhr ich zufällig bei einem Feuerwehrfest, über das ich für das Kemptener Tagblatt berichtete, dass der Feuerwehrhauptmann Vorsitzender vom Pfarrgemeinderat in Kempten war. Vielleicht war es die

Loyalität zu seiner Kirche, die ihn veranlasst hatte, den Mund zu halten. Vielleicht aber hatten ihn Rössle oder seine Tochter auch anderweitig in der Hand. Jeder hat Dreck am Stecken, jeden kann man erpressen, wenn man den Dreck kennt. Die Notärztin Dr. Graf konnte jedenfalls Tod durch Herzstillstand feststellen. Korrekt, wenn auch nicht die ganze Wahrheit. Sie ließ den Abschiedszettel verschwinden. Das konnte sie nur, weil die Polizei zu spät kam: Stau auf der Autobahn. Die Polizei nahm ihr den Herzstillstand ab, man kannte sich ja, und alle wollten die Sache möglichst schnell und unauffällig über die Bühne bringen. Besonders am Sonntagvormittag.

Magnus Augstein konnte die Herztod-Legende durch einen kurzen Bericht in seinem Tagblatt als Tatsache verkaufen, die Organistin wurde quasi für verrückt erklärt und in eine Nervenheilanstalt gesteckt, sogar ins Ausland, weiß Gott wohin, und der Messner Adolf konnte trotz besseren Wissens dieser Geschichte nicht widersprechen, sonst hätte er sich verraten.

Natürlich tauschte sich die Dr. Graf ständig auch mit ihrem Freund aus, dem Chefredakteur Magnus Augstein. Er und Rössle bekamen von Dr. Graf alle wichtigen Informationen über den Fortschritt meiner Ermittlungen – durch meine Blessuren. Und für den Redakteur wurde ich vom Feind zum Freund. Er schlug mir sogar den Titel meiner neuen Kolumne vor: »Kruzifix«. Es kostete ihm zuerst ein Dutzend Abonnements, es gab einen Sturm an Leserbriefen, für und wider, in denen christliche Taliban ihre Dummheit öffentlich zur Schau stellten, und nach einem halben Jahr waren zwei Dutzend Abonnements dazugekommen.

»Ich muss jetzt weiter«, sagte meine Nachbarin.

Mein Handy klingelte.

»Hallo, Willi. Es hat geklappt. Gratuliere zu deinem Ruhestand! … Ah … vorläufiger … auch wurscht … Mit sofortiger Wirkung … ja, ja. Gottes Mühlen mahlen schnell … Ja, dein Appartement ist fertig. Schön geworden. Die Putzfrau kommt noch. Bis Samstag ist alles tipptopp … Ja, auch Laptop. Also bis Samstag dann! Und vergiss das Schild nicht!«

Unser Plan, den uns der HERR in jenem Rausch vor einem Jahr eingegeben hatte, war aufgegangen. Rössle hatte seinen vorzeitigen Ruhestand provoziert. Die Kinder Theo und Dora hatten keine Väter, aber zwei Paten. Uns zwei. Rössle legte auf meine zwanzigtausend Euro Honorar, mit dem er mich erpresst hatte, und den zehntausend Euro, die ich von ihm erpresst hatte, noch mal denselben Betrag drauf. Damals dachte ich, er ist halt so human. Später sollte ich den wahren Grund erfahren. Egal: Es war ein nobles Taufgeschenk für Theo und Dora. Je dreißigtausend Euro. In memoriam Theodor Amadagio.

Am folgenden Samstag fuhr Rössle mit seinem silbernen Mercedes-Kombi an der Alm vor. Wir luden sein Zeug aus. Wieder schien die Sonne. Eine Sauhitze für einen Umzug.

Als wir fertig waren, sagte ich:

»Ich habe den Schampus kalt gestellt. Komm, jetzt machen wir unsere private Taufe. Hier ist der Schraubenzieher, hol das Schild.«

Ich füllte die Sektgläser. Er kam mit einem Schild.

»Ach, Willi, mir ist gerade was eingefallen. Du hast vor einem Jahr im Pflegeheim bei meiner Mutter gesagt, du wirst mir verraten, warum du mein schlampiges Verhältnis zur Frau deines Freundes deckst. Wenn unsere dienstliche Beziehung zu Ende ist, hast du gesagt, sagst du es mir. Also jetzt. Und?«

Willibald Rössle lächelte. Sagte:

»Du vergisst auch nix!«

Er blickte hoch konzentriert auf die Kohlensäureperlen, die in den Sektgläsern aufstiegen.

»Ich hab dir doch damals in der feuchten Nacht erzählt, wie ich ins Priesterseminar geriet.«

»Ja, dein bester Freund hat dir deine Geliebte weggeheiratet.«

»Genau. Die Ehe wurde nach ein paar Jahren wieder geschieden. Er wurde später Polizeipräsident. Heiratete wieder. Du kennst die Dame …«

»Nein … nein, das gibt's doch nicht …«

»Gibt's doch. Polizeipräsident von Augsburg. Und du, Emil, bist zu meinem Racheengel geworden. Ich freu mich bis heute noch jedes Mal, wenn du nach Augsburg fährst, deine Mutter besuchen.«

»Darauf einen Dujardin!«

Er lachte. »Den kenn ich auch noch, den alten Spruch!«

Wir stießen an.

»Und noch ein Letztes, Willi, was mich umtreibt. Deine junge Geliebte war doch schwanger. Was ist aus dem Kind geworden?«

»Ein Mädchen. Ein ausnehmend hübsches Mädchen. Charmant. Gescheit. Seine Mutter ließ es sich nicht nehmen, sie auf den Namen Vasthi zu taufen.«

»Willi, halt mich fest, mich haut es gleich vom Sockel. Dann ist die Mutter von deiner Tochter Vasthi die Esther Graf, deine Ex-Verlobte und Professorin für Feministische Religionswissenschaft in Konstanz!«

»Du sagst es!«

»Willi, ich frag dich nie mehr was. Wenigstens heute nicht mehr. Das haut mich um.«

»Ja, das ist alles vorbei. Jetzt schauen wir in unsere glorreiche Zukunft. Wir sind ja noch im besten Alter.«

Wir schraubten das Schild, schwarz mit weißer Gravur, an die Eingangstür, an der ich vor Jahresfrist eins auf die Nase gekriegt hatte. Dann schauten wir es an, waren glücklich, und stießen auf den Täufling an. Er hieß:

B.I.E.R.

Bär Investigations Enquiries Rössle

Von irgendwas muss man ja schließlich leben.

Kommt ein Vogel geflogen

Wir saßen vor der Alm. Auf der Bank.

Urlaub ohne Urlaub.

Ruhestand ohne Ruhe.

Warten.

Ich sagte:

»Scheiße. Jetzt hocken wir da. Kein Auftrag. Nix. Seit einem Jahr.«

Rössle nickte.

Die Party war vorbei. Jahrestag unserer B.I.E.R.-Gründung.

Der Champagner schal.

Eine halbe Flasche stand beleidigt in der Ecke.

Keiner von uns hatte sie aufgeräumt. Als wäre sie giftig.

Am dritten Tag, der nervig sonnig war, sagte ich:

»Diese Herumhockerei geht mir auf den Nerv.«

Er: »Man müsste was tun.«

Ich: »Was?«

»Irgendwas.«

»Ja, irgendwas wär besser als gar nix.«

Die einzige Abwechslung waren die Wanderer und Spaziergänger.

Frauen mit Walking Sticks schritten behände bergauf. Hinterher dackelten ihre Männer, die schleiften ihre Stöcke hinter sich her, sie kratzten auf dem Teer.

Mountainbiker rasten vorbei, schossen hinab, keuchten hinauf, Familienväter studierten generalstabsmäßig die Karten, lasen die Hinweisschilder, sagten:

»Wir sind hier. *Hier* sind wir.«

»Die haben's gut«, sagte Rössle. »Die wissen, wo sie sind.«

Ich: »Und wo sie hingehören.«

Er: »Und wohin sie wollen.«

Ich: »Und alle haben einen Schutzhelm auf. Das hat's früher auch nicht gegeben.«

»Beim Adolf schon … Aber da war Krieg. Ja, komisch …

Schutzhelm ... Was die schützen müssen? Ist doch meistens nur Luft drin, im Hirn.«

Ich sagte: »Luftschutz!«

Er verzog keine Miene. Hätte wenigstens anstandshalber lächeln können. Er war der Trübsinn in Person.

Wir saßen wie in einem Glaskasten. Mental. Draußen der Sommer. Sahen Sommersonnenschein. Hörten Kuhglockenläuten.

Wie durch Glas.

Unten aus dem Wald tauchte ein gelbes Postauto auf. Ein VW Caddy.

Ein Ruck ging durch uns. Beide.

Es ruckte uns noch mehr, als wir sahen, dass das Postauto langsamer wurde. Sonst wurde es meist schneller, raste an uns vorbei, zu den Nachbarhöfen.

Heute hielt das Auto.

... hat ein Zetterl im Schnabel ...

Ich sprang von der Bank auf.

Rössle blieb apathisch hocken.

Die Postbotin stieg aus. Rief: »Boschd!«, und wedelte mit einem Brief in der Hand.

Ich sah sofort: ein Luftpostbrief. An den blau-rot gestreiften Rändern.

»Dr. Emil Bär?«

Ich entriss ihr den Brief.

... von der Mutter einen Gruß ...

»Danke!«

»Schon recht. Pfüad di!«

»Pfüad di!«

Ich schaute auf den Absender.

Schnappte nach Luft.

»Auftrag?«, rief Rössle.

»Nein«, rief ich ins Tal hinab.

»Was dann?«

»Für mich.«

»Ah so.«

»Vom Frederick«, log ich. Frederick ist mein Sohn.

»Wo steckt er denn gerade?«

»In Australien.«

»Australien?« Rössle wurde einen Schatten blasser, als er ohnehin schon war. Warum macht Australien blass?

Ich riss den Brief auf. Überflog ihn. Noch am Zaun.

Ich sagte ins Tal hinab:

»Er hat einen Job gekriegt in Australien.«

»Wo?«

»In Melbourne. An der Monash-Universität. Assistant Professor für Informatik, Schwerpunkt Mathematik.«

»Gratuliere.«

Seine Farbe war ins Gesicht zurückgekehrt. Er schnaufte tief durch. Ich steckte den Brief weg.

Rössle sagte:

»Bisschen weit weg. Australien.«

Ich sagte:

»Neuseeland wär noch weiter ... Ja, es wär mir lieber, er wär näher da. München, Konstanz, Basel, Zürich. Kempten.«

»In Kempten gibt's keine Uni.«

»Leider.«

»Ja, die jungen Leut, die wollen immer weit weg!«

Wir schwiegen.

Ich:

»Ich soll ihn besuchen. Er hat mich eingeladen.«

»Und?«

»Ich denk, ich fahr hin. Dann musst du halt die Firma derweil allein führen.«

»Kein Problem. Auf Arbeit warten kann ich auch allein.«

Ich dachte, es ist ihm sowieso alles wurscht. Er hat eine typische Ruhestandsdepression. Vielleicht tut ihm eine Zeit lang für sich ganz gut.

So ein depressiver Partner nervt ungemein.

Ich hockte mich wieder neben ihn hin. Ich wollte nicht, dass er merkte, wie aufgeregt ich war.

Ich sagte:

»Ich geh dann mal nach Oberberg rüber. Zeitung holen.«

Ich hoffte, er sagte nicht: Ich geh mit.

Er sagte:

»Scho recht!«

Gott sei Dank.

Sobald ich auf dem Weg und außer Sichtweite war, riss ich den Brief noch mal auf und las:

»Lieber Herr Dr. Bär,
ich habe Ihr Taschentuch noch. Möchte es Ihnen zurückgeben. Sie können es bei mir abholen. Es gibt viel zu erzählen. Bitte behandeln Sie diesen Brief vertraulich. Niemand außer Ihnen darf davon erfahren. Sonst bin ich in Lebensgefahr. Meine Telefonnummer ist 0061 2 9267 464881. Mit freundlichen Grüßen, in der Hoffnung auf eine positive Antwort, O. O.«

Die graue Organistin. Die verschwundene. Nach über zwei Jahren ein Lebenszeichen. Und was für eins.

Ich musste hin. Sie besuchen. Was gab es zu erzählen? Und sowieso, wegen des Taschentuchs …

Die Geschichte mit meinem Sohn war nicht gelogen. Er hatte mich ein paar Tage vorher auf dem Handy angerufen.

»Hallo, Papa.«

Der »Papa« freute mich. Ungemein. Ich sagte:

»Ja?«

»Ich geh nach Melbourne.«

Scheiße. Stich ins Herz. Warum bis ans Ende der Welt?!

»In Australien?«

»Ja, wo sonst?«

»Ah … gratuliere. Was machst denn in Melbourne?«

Er berichtete mir von seiner neuen Stelle. Dem einsilbigen Rössle erzählte ich nichts von dem Anruf. Erst, als ich den Brief bekam. Gelogen war, dass die Nachricht von meinem Sohn in dem Brief stand. Dem Brief von der Olivia Obholzer.

Angst vorm Fliegen

Flugplatz Memmingen.
Quatsch! »Allgäu Airport«!
Rössle hatte mich mit seinem silbergrauen Mercedes-Kombi hingebracht.
Maulfaul.
Seine Einsilbigkeit machte mir ein schlechtes Gewissen. Ich ließ ihn allein da hocken. Mit unserem lahmen Business. In seiner postprofessionellen Depression.
Ich sagte:
»Ich komm bald wieder.«
»Wann?«
»Wenn der Frederick genug von mir hat. Ich lass dich wissen, wann ich zurückflieg. Kannst die Alm sauber machen. Roten Teppich zum Empfang ausrollen. Blasmusik bestellen.«
Er lächelte nicht einmal.
Arsch!

Der Check-in ging ruck, zuck.
Ich war der Einzige, der in der Schlange wartete.
Der andere, der wartete, war der Pilot auf der Rollbahn.
Es kam keine Durchsage.
War auch der einzige Flug weit und breit.
Nach Frankfurt.
Ich stieg die kleine Treppe zu dem Segelflugzeug mit Hilfs-motor hinauf.
»NayrAir.de« stand auf dem stolzen Vogel.
CrashAir, dachte ich. Mit mehr Galgen als Humor.
Die Stewardess machte milde lächelnd Platz, ließ mich vorbei.
»Flugbegleiterin« heißt das neuerdings. Hoffentlich hatte sie ihr Strickzeug dabei.
Ich suchte meinen Platz B 12. Wie die Bundesstraße von Landsberg nach Kempten. Es war nicht leicht, den Platz B 12 zu finden. Alle Plätze waren leer. Mein deutsches Ich bestand aber

darauf, auf dem Platz zu sitzen, der auf meinem Ticket stand. Mein Platz.

Die Tür zur Maschine fiel ins Schloss.

Kann ja ein flotter Dreier werden, dachte ich.

Meine Erwartungen wurden übertroffen. Eine Zeitung wurde mir gereicht. Die Allgäuer Rundschau zum Wochenende.

Ich vergaß, mich leicht zu machen und die Maschine mit den Armlehnen hochzuhalten, damit sie nicht abstürzte. Nicht, dass ich Flugangst hätte. Aber sicher ist sicher ...

Ich durchblätterte unauffällig hastig die Zeitung.

Ja, das Kemptener Tagblatt war eingelegt!

Oha! Jaaaahhhh! Tatsächlich. Ich las:

»Kruzifix. Die Kolumne von Emil Bär«. Titel: »Lügen haben lange Beine.«

Ich las, was ich vor vier Wochen geschrieben hatte. Faszinierend. Na ja. Heute würde ich anders schreiben. Man lernt ja jeden Tag dazu. Ich jedenfalls.

Nach dem dritten Lesen faltete ich das Blatt zufrieden zusammen.

Super Airline!, dachte ich.

Nach einer knappen Stunde hob sich mein Magen zum Landeanflug.

Perfekte Hoppellandung.

Soll ich klatschen? Nein, dann wissen die sofort, dass ich das letzte Mal in der Steinzeit geflogen bin. Nach Mallorca. Landeklatschen ist out.

Ich zwängte mich mit meinem schwarzen Rollkoffer von Tedi an der Flugbegleiterin vorbei.

»Super Airline!«, sagte ich.

Sie zeigte mir ein Queen-of-England-Lächeln, sagte: »Pfüad di!«

Bussi, Bussi. Im Geiste.

Ich war froh, als ich aus der Hitze herauskam und in die klimatisierte Halle hinein. Ich schwitzte wie die Sau. In Australien war jetzt Winter. In der Früh um den Gefrierpunkt, eisiger Südwind vom Pol. Südpol natürlich. Wahrscheinlich grelle Sonne am blauen Himmel. In dreißig Stunden würde ich froh sein um mein geripptes Schiesser-Unterhemd und die gefütterte Jacke von C&A. Charme & Anmut. Extra gekauft. C&A. Die Marke für die Jungen. Nicht von RELDA. Altmännermarke.

Die Frankfurter Schlange war etwa vierhundertmal so lang wie die am Flugplatz Memmingen.

Es war eine deutsche Schlange. Mit Körperkontakt. Arsch an Arsch und Wadel an Wadel stand der gesamte böhmische Adel. Von vorn inhalierte ich diverse Deodorants, die alle nach Schlecker, Insolvenzschnäppchen und Aufregung rochen. Von hinten wehte mir Natur pur ins Genick. Knoblauch. Soll ja gesund sein. Selbst wenn's nur Passivknoblauch ist.

Dann kam eine Ansage.

Wir schoben uns wie eine Rindviehherde in eine andere Halle und waren angehalten, aus dem Haufen von Koffern, Rucksäcken und Hutschachteln unser Handgepäckstück rauszusuchen.

Sicherheit. Terror.

Endlich war ich in der richten Welt angekommen. Von der ich sonst nur in der Allgäuer Rundschau las. In der Wirklichkeit angekommen. Der internationalen. Nicht nur dabei. Sondern mittendrin.

Ich kam mir wieder mal richtig wichtig vor. Schon fast vergessen, wie das ist.

Zwischenlandung in Kuala Lumpur. »Zusammenfluss der drei Flüsse« heißt das, hatte mir mein erster Psychoanalytiker stolz erzählt. Er war Chinese aus Malaysia. Die Stadt der drei Flüsse. Wie Fürth. Ich hatte mal für ein paar Jahre in Fürth am Klinikum gastiert. Fürth: Pegnitz, Regnitz und Rednitz. Auf Malaysisch heißt das »Kuala Lumpur«. Schöne Sprache. Bringt drei Flüsse in zwei Wörter. Später erfuhr ich, dass »Kuala Lumpur« heißt: schlammige Flussmündung. So viel zum Idealisierungsbedürfnis meines Analytikers. Wahrscheinlich hatte er einfach Heimweh.

Vor fünfundzwanzig Jahren war ich schon mal da. In Kuala Lumpur. Am Flugplatz in Sepang. Da war der Frederick noch klein. Wir fanden einen Bonbonladen mit den schönsten Bonbons der Welt.

Er war noch immer da, der Bonbonladen, Bonbons sind ein

krisensicheres Geschäft. Ich kaufte eine Tüte. Mitbringsel für meinen kleinen Buben. Jetzt war er ein kleiner Professor. Ob er sich erinnern konnte? Vielleicht ja, wenn er die Bonbons lutschte.

Irgendwann waren wir wieder in der Luft, das heißt, die Maschine war in der Luft, wir saßen im Mief, die Leute dösten vor irgendeinem Videofilm und furzten schlafend in die Sitze.

Ich wusste nicht mehr, worauf ich sitzen sollte. Mein Hintern tat weh. *Wohin soll ich mich wenden* … Egal, wie ich mich drehte und wendete in dem Sardinensessel.

Mein Nachbar auf der Fensterseite hatte die ganze Reise verschlafen. Aus seinem Flachmann geschluckt und geschlafen. Es wurde Morgen. Jedenfalls hell. Er reckte sich. Mein Nachbar links zum Gang hin schaute asiatisch aus. Er lächelte, wenn er nicht schlief.

Ich erschrak. Die Boeing 747 heulte sanft auf. Ein dumpfer Ruck ging durch ihren Rumpf. Stürzen wir nun doch noch ab?

»Sie haben das Fahrwerk ausgefahren«, erläuterte mein Nachbar am Fenster. Auf Deutsch. Er war deutsch. Sehr. Ein Einwanderer der fünfziger Jahre. Seither Dauerpendler zwischen Australien und Deutschland. Stammgast bei Lufthansa.

Er zog seinen Bauch ein, presste sich gegen seinen Sitz, sagte: »Schauen Sie mal runter! Sydney. Sehen Sie … die Harbour Bridge … in der Sonne. Im Winter ist die Sonne am klarsten …«

Ich schaute durch das runde Fenster. Sagte:

»Und die vielen blauen Punkte …«

»Swimmingpools«, erklärte er. »Tausende.«

Sie wurden immer größer. Das Meer kam immer näher, ich dachte, macht er jetzt eine Wasserlandung? Aber sah dann, dass die Rollbahn ein Stück in den Pazifik hinausragte.

Zweimal hoppelte die Maschine milde auf der Landebahn von Mascot, ein donnerndes Brausen drückte die Passagiere in ihren Sitzen nach vorne. Der Bordlautsprecher bat, man möchte Platz behalten, auch nachdem das Flugzeug ausgerollt war.

»The customs«.

Ich wusste aus meiner glorreichen Vergangenheit in Australien, dass das der Zoll war.

Mein rechter Nachbar übersetzte: »Der Zoll.«

Er wurde gesprächig.

Er erklärte mir Australien. Auf Deutsch. Von Rechtsaußen. Am deutschen Wesen soll die Welt genesen. Hundert Jahre Regression.

Peinlich.

Unendlich.

Unendlich peinlich.

Ich beschränkte mich auf:

Schweigen.

»Ah so?«

»Hm« in allen Variationen.

Gott sei Dank, die Zollbeamten waren fertig mit ihren Kontrollen. Nichts mehr konnte die wundgesessenen Passagiere zurückhalten.

Mein deutscher Nachbar sagte: »Auf Wiedersehen. War eine interessante Unterhaltung mit Ihnen.«

Mein asiatischer Nachbar lächelte mich an, sagte: »Auf Wiedelsehen.«

Konnte er deutsch? Hatte er unsere »Unterhaltung« mitgehört? Bitte nicht!

Ich schämte mich.

A View to Kill

Ich saß, wie ausgemacht, in der Kapelle des Royal North Shore Hospital in Sydney. Ein Monster-Krankenhaus am Pacific Highway. Neben den bulligen Klinkerstein-Bauklotz schmiegte sich frech eine Kapelle mit einem Spitzdach, ein Dach wie ein steiles Zelt. An der Ostseite leuchtete die Sonne durch die bunten Kirchenfenster. Ich saß in den leeren Bänken.

Allein.

Hinten.

Ich fror.

Trotz Schiesser-Unterwäsche und C & A-Thermojacke.

Mir war kalt.

Ich war alt.

Mir war schlecht.

Ich kämpfte mit den Tränen.

Vor fünfundzwanzig Jahren hatte ich hier Abschied genommen. Von meiner zweiten Heimat. In diesem Krankenhaus hatte ich Jahre meiner Ausbildung zugebracht. Meine Supervisoren tauchten in meinem Kopf auf. Meine Supervisanden. Ich konnte mich noch an alle erinnern.

Ich hatte fünfundzwanzig Jahre lang kein Heimweh gespürt. Jetzt schlug es zu. Ich hätte nie hierherkommen dürfen.

Alte Wunden aufreißen.

Ich Depp! Ich Idiot!

Ich steigerte mich in eine Selbstbeschimpfungstirade hinein.

War immer noch besser als dieser messerscharfe Heimwehschmerz in meiner Brust.

Und dazu aus dem Hintergrund im Halbdunkel die Orgel.

Eine Fuge von Bach.

Ein Choralvorspiel. »Wie schön leuchtet der Morgenstern.«

Gespielt von einem Genie.

Ging direkt ins Herz.

Brachte mich fast um.

So nimm denn meine Hände …

Tortur pur.

Ich zerfloss.

Stille.

Dann ganz leise, sachte, kaum vernehmlich, ich dachte nicht, dass jemand so leise Orgel spielen kann, zärtlich zum Umkommen:

»Jesu, meine Freude …«

»… behütet und getröstet wunderbar …« Bonhoeffer.

Dann Schluss.

Jemand klappte die Orgel zu.

Ich schaute nach dem Organisten.

Keiner da.

Eine Frau war da, sperrte die Klappe ab.

Mir fiel die Klappe runter.

Was für eine Frau!

Glänzendes schwarzes Haar. Schulterlang. Roter Pulli. Eng anliegend. Edelholz vor der Hütt'n.

Schwarzer Minirock. *Oh mein Popo …*

Beine wie das World Trade Center vor dem Fall.

Feine rote Netzstrümpfe.

Knallrote Stöckelschuhe.

A view to kill!

Sie kam auf mich zu.

Mein Puls vervierfachte sich pro Viertelminute.

Sie stand vor mir.

Vierzig Jahr. Schwarzes Haar. So stand sie vor mir.

»Emil Bär?«

»Jess … jess …«

So weit mein gepflegtes Englisch. Seit fünfundzwanzig Jahren hatte ich jeden Morgen zwei Seiten laut in der englischen *Good News Bible* mit ihrer anmutigen Übersetzung in Umgangssprache gelesen, um mein geliebtes Englisch nicht einrosten zu lassen, hatte massenhaft englische Literatur verschlungen, jedes Wochenende am Bahnhof den *Guardian* gekauft, und das *International Journal of Psychoanalysis* abonniert. Und hier nun das Ergebnis:

»Jess … jess …«

Sie reichte mir die Hand.

»Olivia Obholzer!«

»O… O…«

Oje.

Sie lachte mich an. Ihr Gesicht leuchtete wie das Gesicht des Mose, als er vom Berg Sinai herabkam, nachdem er Gott gesehen hatte.

»Das ist wohl die Brille … dass Sie mich nicht gleich wiedererkannt haben.«

»Oh ja, die Brille … die Brille natürlich! Entschuldigen Sie … und der Jetlag … ja, und die Brille!«

Eine randlose runde Brille machte ihr Gesicht jung und mädchenhaft.

Eine neue Brille ist wie ein neues Leben …

Sie hielt mir ein weißes, frisch gebügeltes Taschentuch hin. Sagte:

»Hier haben Sie Ihr Taschentuch zurück. Vielen Dank. Es hat mir sehr geholfen.«

»Danke. Keine Ursache.«

Ich nahm mein Taschentuch und wischte mir mein verheultes Gesicht ab.

»Darf ich mich kurz neben Sie setzen?«

»Ja, gern, natürlich.«

Ich rutschte ein Stück zur Seite, obwohl wir eine ganze leere Bank von mindestens fünf Metern Breite zu zweit hatten.

Ich ergriff die Initiative. Wie einen Rettungsring.

»Vielen Dank für Ihren Brief. Sie schreiben, Sie hätten mir viel zu erzählen.«

»Ja … Aber zuerst erzählen Sie mir doch, wie Sie diesen schrecklichen Fall von Pater Theo Amadagio gelöst haben … Ich hatte ja damals diesen Nervenzusammenbruch … aber ich hörte noch, dass Sie …«

Ich sagte:

»Ja, ich habe ihn gelöst.«

»Und wie? Was war passiert?«

Ich erzählte ihr von meinen Ermittlungen und von meinem grandiosen Erfolg.

»Wahnsinn!«, sagte sie. »Sie haben wirklich eine geniale Kombinationsgabe. Und eine wunderbare Phantasie!«

»Danke … Aber wieso Phantasie?«

»Ich sage Ihnen jetzt, wie es wirklich war …«

»Oh … Da bin ich sprachlos!«

»Bleiben Sie's! Im Ernst: Ich spreche mit Ihnen als Seelsorger. Beichte. Ich rede nur, wenn Sie mir versprechen, das Beichtgeheimnis zu wahren.«

»Ich wahre, so wahr mir Gott helfe!«

Sie erzählte ruhig und gefasst und sachlich.

Ich sank immer mehr in mich zusammen.

Sie redete meine Zukunft zugrunde.

Und endete:

»… wie Sie ja wissen, bin ich dann an jenem Sonntagmorgen zusammengebrochen. Es war ein Nervenzusammenbruch. Ein Einbruch der Wirklichkeit in meine Phantasiewelt. Theodor Amadagio am Kreuz … Aber es kam noch schlimmer. Sie brachten mich nach Kaufbeuren in die Irrenanstalt. Ich wartete, bis Willibald Rössle sich melden würde. Mich rausholen. Sie brachten mich nach Rom. Psychiatrie. Ich wusste nicht mehr, ob ich tot oder lebendig bin. Ich war nicht nur betäubt, ich war eine einzige Betäubung. Dumpf. Schlimmer als tot. Keine Nachricht. Kein Kontakt. Sie steckten mich in ein Flugzeug. Ich landete in Sydney. Was ich erst später merkte. Ich machte alle psychiatrischen Anstalten durch … das Hornsby Ku-ring-gai Hospital im Norden, das Parramatta District Hospital im Westen, dazwischen irgendwo das Rydalmere Hospital, das Ryde Hospital. Ich konnte nicht mehr reden. Nicht mehr denken. Ich konnte nur noch dieses Taschentuch von Ihnen halten. Es hielt mich am Leben. Oder das, was von meinem Leben übrig war. Ich war ein Zombie. Ich war Schmerz. Elend. Unbeschreiblich. Eine Ewigkeit. Ich weiß jetzt, was die Hölle ist. Ich war dort. Ewig. Später rekonstruierte ich, dass es ein ganzes Jahr war. Kein Brief. Kein Anruf. Nichts. Niemand. Das ist die Hölle.«

Schweigen.

Ich schaute sie großäugig an, stotterte:

»Und … aber … wie …?«

Sie lachte kurz.

»Es passierte ein Wunder. Ich merkte es zuerst gar nicht. Eines Tages hieß es im Rydalmere Hospital: Sie haben Besuch. Ich sagte nichts. Ich wusste, das war ein Irrtum. Ein großer Mann erschien. Er sprach Deutsch. Eigentlich sprach er gar nicht. Er setzte sich in dem Park, in dem ich verloren herumhockte, neben mich. Dann nahm er einen Stuhl und setzte sich gegenüber. Dann nahm er mein Gesicht in beide Hände und hielt es. Hielt mich. Lange. Keine Ahnung, wie lange. Dann sagte er: ›Ich muss jetzt gehen. Ich komme nächste Woche wieder. Auf Wiedersehen.‹« Ich glaubte ihm kein Wort. Aber ich spürte mein Gesicht in seinen Händen liegen, und zum ersten Mal seit einem verdammten Jahr, seit ich von Tal weggeschafft wurde, konnte ich wieder weinen. In Ihr Taschentuch hinein … Er kam nächste Woche wieder. Und die Woche darauf. Ich lernte langsam wieder zu reden. Ich erzählte ihm, dass ich Organistin war. Er sagte: ›Ich spiele auch Orgel. Aber nicht so gut … Und wir suchen eine Organistin für unsere Kirche.‹ Ich fragte: ›Wer ist wir, und welche Kirche?‹ Um es kurz zu machen: Er war der Pastor der deutschen lutherischen Kirche in Sydney, ist es noch. Er besuchte einmal in der Woche die gestrandeten Deutschen in den verschiedenen psychiatrischen Anstalten. Der Pastor Waldemar Lahauser …«

Sie zögerte einen Augenblick, ihr Gesicht nahm wieder dieses Mose-Leuchten an … Dann fuhr sie fort:

»Mir ging es von Tag zu Tag besser. Ich durfte aus der geschlossenen Abteilung in die offene. Ich durfte wieder raus. Er nahm mich mit, wir fuhren in seine Kirche in die Stadtmitte, eine kleine, alte Kirche zwischen Wolkenkratzern mit einer neuen schönen Orgel, die 1980 aus Deutschland hergebracht wurde … Wir setzten uns an die Orgel und begannen ein Stück zu spielen … Von Franz Berwald. ›Ein ländliches Hochzeitsfest‹ … Vierhändig. Dann setzt meine Erinnerung aus. Als ich erwachte, lag ich in seinen Armen … und wusste: Ich bin gesund. Neugeboren.«

Ich brachte kein Wort raus.

War überwältigt.

Aber ich wollte nicht schon wieder losheulen. Verdammte Gefühlsduselei!

Sie erlöste mich, sagte:

»Er wird gleich da sein, mich abholen. Wir wohnen zusammen im Pfarrhaus im Norden von Sydney.«

»Ahhh ... ich mein ... das ist ja schön ... und es geht mich nichts an ... aber die Gemeinde ...«

»Ich versteh schon. Die Leute sind froh und dankbar. Sie sagen, jetzt haben wir unseren Pastor wieder. Vor drei Jahren ist seine Frau gestorben. Hier im North Shore Hospital ... Und seit Sie hier sind, sagen sie, lebt er wieder ...«

»Ah ...«

»Ich höre Schritte, ich glaube, er kommt jetzt. Ich habe noch eine Bitte an Sie, Dr. Bär.«

»Ja?«

»Grüßen Sie den Willibald Rössle von mir. Sagen Sie ihm, was Sie gehört und gesehen haben ... und sagen Sie ihm, dass ich sehr glücklich bin und an Himmelfahrt nächstes Jahr heiraten werde, den Pastor Lahauser. Ahh ... Da ist er ... Und vielen Dank fürs Taschentuch! Und sagen Sie es ihm! Bitte! Unbedingt!«

Ich wollte sagen: Ja, gerne. Ich wollte sagen: Nein, bitte nicht.

Ich nickte.

Sie erhob sich, trat auf den Mann zu, der in der Tür stand. Sie küssten sich und gingen eng umschlungen von dannen.

Ich sackte in mich zusammen.

Das Einzige, was ich denken konnte, war:

Scheiße!!!

Ich weiß nicht, wie lange ich dasaß. Dachte:

Bitte, lieber Gott, lass mich sterben. Jetzt. Für immer ...

Fehlanzeige. Er ließ mich nicht sterben. Noch nicht. Vielleicht nie?! Ewig leben ... die schlimmste aller Strafen.

Irgendwann stand ich auf mit meinem Taschentuch in der Hand, machte ein paar wacklige Schritte auf den Altar zu.

Schaute den Christus am Kruzifix an, zitterte am ganzen Leib, und aus mir schrie es, IHM ins Gesicht:

»Scheiße!«
Ein Geräusch hinter mir.
Ich hatte ihn nicht bemerkt, den Mann auf Krücken.
Er lachte mich an, sagte:
»This is supposed to mean ›shit‹, isn't it?«
Ich sagte verdattert:
»Jess … oh … jesss … jesss …«
Er grinste mich freundlich an, sagte:
»This is the bloody fucking best prayer I've ever heard, mate!«

Der Richter und sein Henker

Der Richter und sein Henker.

Was anderes konnte ich nicht denken. Ich saß da, wo ich nicht sitzen wollte: im Segelflieger mit Hilfsmotor.

Anflug auf Memmingen.

Ich flog seit dreißig Stunden in die verkehrte Richtung.

Weg wollte ich.

Weg von Australien.

Weg von Frankfurt.

Weg von Memmingen.

Weg von der Alm.

Weg von allem.

Weg von mir.

Das Flugzeug war stärker.

Es brachte mich immer näher dahin, wohin ich nicht wollte.

Nach Memmingen.

Es landetete gegen meinen Willen.

Willibald Rössle wartete in seinem silbergrauen Mercedes-Kombi.

Ich warf den Koffer auf den Rücksitz.

Setzte mich neben ihn auf den Beifahrersitz.

Erschrak.

»Was ist denn mir dir los?«, fragte ich.

»Was soll denn los sein?«

»Schaust a weng zerrupft aus.«

Sein Gesicht war aschgrau.

Seine Haare strähnig und dreckgrau.

Er müffelte.

»Ist die Trinkwasserquelle auf der Alm ausgetrocknet?«, fragte ich.

»Wieso?«

»Oder keine Zeit gehabt zum Waschen?«

»Ah so ... hab ich gar nicht gemerkt ...«

Er war abwesend.

»Und gestern hat's wohl Spaghetti Bolognese gegeben … und vorgestern Sauerbraten mit Blaukraut, aus der Dose …«

Wieso?

»Dein Hemd sieht aus wie eine Speisekarte für Analphabeten.«

Ursprünglich war es weiß gewesen.

Ich dachte: Hat er Alzheimer? Demenz? Was ist los mit ihm?

Ich sagte:

»Was ist los mit dir?«

»Nix.«

Schweigen.

Wir näherten uns auf der A 7 dem Allgäuer Tor. Ich erblickte die Bergkette. Klar. Föhnig. Gewitterwolken zogen auf.

Er fuhr mit Altmännertempo auf der Autobahn. Ein Laster überholte uns.

Nach einer Ewigkeit sagte er:

»Wie war's?«

»Schön. Der Frederick …« Ich erzählte ihm von meinem Besuch in Melbourne bei meinem Sohn.

Keine Reaktion.

Mehr erzählte ich ihm nicht. Ich wollte heil auf der Alm ankommen.

»Und hier. Bei dir? Wie geht's der *family*?«

Ein wehmütiges Lächeln huschte über sein Gesicht.

»Die Vasthi ist schwanger.«

»Du wirst Opa?!«

»Ja, mei …«

Eine Träne rollte über seine unrasierte Wange.

Was war bloß los mit ihm?

Er stellte sein Auto auf den grasüberwucherten Parkplatz an der Alm.

Schob ein Gitter gegen die Marder drunter.

Ich sagte:

»Jetzt brauch ich erst einmal ein ordentliches Bier, und dann einen langen Schlaf. Diese Scheißfliegerei macht einen hin.«

»Dann schlaf gut«, sagte er.

Ich sagte:

»Morgen früh geh ich in die Kirch. Und zum Frühschoppen. Gehst mit?«

»Mal schauen …«

Leck mich am Arsch, dachte ich.

Ich sagte:

»Ach übrigens, ich soll dir noch einen Gruß ausrichten.«

»So. Von wem?«

Es blitzte. Die ersten schweren Tropfen fielen. Donner wummerten heran. Wir standen vor der Alm.

Ich sagte:

»Von der Olivia Obholzer.«

Willibald Rössle zuckte. Ich dachte, jetzt hat ihn der Blitz getroffen.

Käsweis war er.

»Hast mit ihr geredet?«

»Ja.«

»Dann weißt du ja …«

»Alles.«

»Alles?«

»Alles.«

Ich dachte, er kippt um.

Ich sagte:

»Aber *du* weißt noch nicht alles. Ich soll dir sagen, es geht ihr gut. Sie ist wieder gesund. Und glücklich.«

Er atmete durch, wie erlöst.

Ich fuhr fort:

»Und ich soll dir auch sagen, dass sie heiraten wird. Nächstes Jahr Himmelfahrt. Sie hat die Liebe ihres Lebens gefunden. Hat sie gesagt. Einen evangelischen … Pastor … in Sydney.«

Willibald Rössle sah mich an.

Ein Blitz schlug ein. Donnerschlag. Es fing an zu schütten.

In seinen Augen ging das Licht aus.

Wortlos ging er ins Haus.

Bevor er in der Tür verschwand, rief ich:

»He! Noch eine Frag! Ich weiß doch noch nicht alles.«

Er erstarrte in seiner Zeitlupenbewegung.

Horchte. Nach hinten.

Ich sagte ihm auf den Hinterkopf zu:

»Du hast mich beschissen. Du hast gewusst, wer den Theo umgebracht hat. Dann hast du mich erpresst. Ich sollte den Fall aufklären. Warum?«

Er sprach ins dämmrige Bauernhaus hinein:

»Der Bischof wollte einen Bericht. Extern. Damit man uns glaubt. Die Presse und so. Du warst extern. Und ich hatte dich in der Hand. Mit deinem geschlamperten Verhältnis. Wenn das Ergebnis von deinem Bericht nicht gepasst hätte, wäre der Bericht verschwunden, oder passend gemacht worden. Aber es ging ja gut …«

»Und dafür hab ich den Toni auf dem Gewissen. Wenn ich ihn mit meinem Geschnüffel in Ruhe gelassen hätte, wäre er noch am Leben … Und jetzt dämmert mir auch, warum du so großzügig gewesen bist mit dem Taufgeschenk an unsere Patenkinder …«

»Die Schuld …«

Ja, die Schuld. Ich hatte mein Honorar ja auch hergeschenkt. Sagte:

»Freikaufen wollten wir uns …«

Er sagte: »So viel Geld gibt's gar nicht, dass man sich freikaufen kann …«

»Und die Obholzer. Die hast du einfach nach Australien entsorgt. Warum?«

Er drehte sich um, schaute mir ins Gesicht:

»Tätst du eine Mörderin heiraten?«

»Du scheinheiliger Arsch, du scheinheiliger. Schau, dass zum Teufel kommst!«

Er verschwand im Haus.

Ich ging in meine Dachwohnung.

Jetzt hatte ich es hinter mir.

Der Richter und sein Henker.

Ja, ich wusste alles.

Alles wusste ich von der Olivia Obholzer … alles:

Sie hatte ein Verhältnis mit Willibald Rössle gehabt. Geheim natürlich. Aber Theo Amadagio hatte irgendwie davon Wind bekommen. Er hatte Rössle erpresst. Er konnte von ihm haben,

was er wollte, er konnte machen, was er wollte, er hatte Rössle
in der Hand, und die Obholzer ebenso.

Rössle wollte ihn versetzen. Wegen seiner Weibergeschichten. Ins Kirchenarchiv nach München. Bücher abstauben. Aber
der Theo Amadagio wollte nicht. Er wollte in Tal bleiben.
Rössle konnte nichts machen. So wächst Hass. Die Obholzer
hasste den Theo Amadagio sowieso. Er ließ sie als Musikerin
und Künstlerin nicht hochkommen. Behandelte sie wie Dreck,
lachte sie aus. Und Rössle konnte nichts dagegen tun ... Er
versprach seiner Geliebten, der Olivia Obholzer: Wenn der
Amadagio nicht mehr wäre, würde er sie zur Kirchenmusik-
direktorin des Bistums machen, dann seinen Dienst beenden
und sie heiraten.

»Ich war von Ehrgeiz zerfressen und dem Rössle hörig. Eine
Karriere und eine Ehe ... in meinem Alter ... ein Traum!«,
hatte sie mir in der Kirche in Sydney erzählt. »Ich dachte, ich
bring den Amadagio um, und es geht so einfach, Rössle und
ich dachten uns einen Plan aus, einfach und effektiv. Kein Hahn
würde nach dem fremden Dorfpfarrer krähen, außer vielleicht
ein paar von seinen Verehrerinnen. Wir wussten ja, wie er's
getrieben hat. Und mit wem. Aber sie würden lautlos krähen ...
müssen. Ich präparierte eine Schokolade mit Gift, ich wusste, er
hatte einen süßen Zahn. Ich wusste auch, er bereitet sich jeden
Samstagnachmittag auf die Sonntagsmesse vor. Ich ging Samstagnachmittag in die Sakristei. Ich gab ihm eine von den Pralinen,
eine vergiftete. Er steckte sie sich ohne Nachdenken und ohne
mich überhaupt zu beachten in den Mund. Ich war Luft für ihn.
Wie immer. Fünf Minuten später lag er da. Ihre Theorie mit dem
Sauschlegel ist zwar sehr rustikal und plausibel, aber sie stimmt
nicht. Ich habe ihn vergiftet. Ich wartete, bis der Messner Adolf
kam, um abzusperren. Er kam, machte große Augen. Ich sagte:
›Er hat einen Herzinfarkt gehabt. Tot. Du weißt ja, Adolf, von
wem das Kind von deiner Johanna ist.‹ Er nickte, sagte: ›Von dem
Misthund, dem elendigen.‹ Ich sagte: ›Er gehört dir. Mach mit
ihm, was du willst. Und ich bin sicher, der Toni hilft dir dabei.
Der hat nämlich auch eine Rechnung offen. Seine Frau kriegt
auch ein Kind. Dreimal darfst du raten, von wem.‹ Adolf schaute

auf den Toten. Ich sagte: ›Ja, genau. Von ihm. Macht mit ihm, was ihr wollt. Aber es darf niemand was erfahren.‹ Der Adolf holte mit dem Fuß aus und trat der Leiche mitten ins Gesicht. Ich wusste, die beiden, der Adolf und der Toni, würden sich der Sache ordentlich annehmen. Ihn verschwinden lassen, oder was auch immer. Ich sagte dann noch: ›Und du weißt, wenn sie euch erwischen, und es kommt raus, seid ihr dran. Ihr habt ein unschlagbares Motiv. Eifersucht. Und ich habe ein Alibi, dass ich nie hier war heute. Wasserdicht.‹«

Sie schluckte und fuhr fort:

»In der Nacht kam ich dann irgendwann zu Sinnen und mir wurde klar, was ich da angestellt hatte. Ich fuhr in aller Herrgottsfrüh zur Kirche, um zu schauen, wie die Lage war. Da sah ich den Theo Amadagio am Kreuz hängen, und da hat mich die Wirklichkeit und was ich getan habe einfach überwältigt. Aber was danach kam, war noch viel, viel schlimmer. Der Rössle hat sich einfach nicht mehr gerührt. Hat mich entsorgt …«

Sie schüttelte den Kopf. Feuchte Augen. Bittere Falten um den Mund.

Das alles wusste ich, und Rössle wusste nun auch, dass ich es wusste.

Ich hatte einen ruhelosen, bleiernen Schlaf. Am Morgen wachte ich auf. Mit einem Gefühl, das mich erinnerte an früher, als ich Kind war, und die Eltern hatten sich bis spät in die Nacht hinein bis aufs Messer gestritten. Ich wollte nicht wach werden. Mich nicht erinnern. An nichts.

Ich zog mich an.

In die Kirche gehen.

Vielleicht hilft Beten.

Ich rief nach Rössle durch das Haus. Nichts rührte sich. Vor meiner Tür lag ein Zettel. »Bin schon gegangen.« Komisch. Warum hatte er nicht warten können, damit wir zusammen runtergehen? Hatte er ein schlechtes Gewissen? War er noch sauer nach unserem Disput gestern Abend? Schämte er sich?

Nach fünfzig Metern talwärts klebte mir das Hemd am Rücken. Mein Trachtenjanker wurde zur Sauna. Der Gipfel des

Grünten verschwand in Gewitterwolken, die Sonne stach, die Bremsen noch mehr.

Zum Glück hatte ich mein Taschentuch wieder.

Ich wischte mir den Schweiß von der Stirn.

Der Schweiß war kalt.

Die Glocken läuteten.

Die Kühe wedelten sich die Bremsen von den mistverkrusteten Hinterläufen und zuckten mit dem Fell.

Ich war früh dran.

Ich hatte schlecht geschlafen. Alpträume. Flugzeugabstürze. Rote Lippen. Schwarze Kreuze. Alles durcheinander.

Das Gewitter kam näher. Die Sekundenabstände zwischen Blitz und Donner wurden kürzer.

Der Parkplatz an der Kirche war noch leer.

Nicht mal der Golf vom Hochwürden Xaver Maria Guggemoos aus Marktl war da.

Wo war Rössle?

Wahrscheinlich saß er schon drinnen.

Ich schritt hastig durch die Grabreihen zum Portal der Kirche.

Öffnete die Tür.

Sie quietschte.

Leere Bankreihen.

Kein Mensch.

Im Altarraum stand eine Leiter.

Glänzte.

Neu.

Enorm hoch.

Ich folgte ihr mit den Augen nach oben.

Und dann schloss ich die Augen und schüttelte mich und dachte:

Hoppla, jetzt spinnst. Ein Déjà-vu-Erlebnis.

Ich öffnete die Augen. Immer weiter.

Vor dem Kruzifix hing der lasche Körper von Willibald Rössle an einem Strick.

Blaues Gesicht.

Kalbszunge.

Wächserne Haut.

Strähnige, grauvergilbte Haare.

Das Hemd von gestern. Vorgestern. Vorwoche. Spaghetti Bolognese. Sauerbraten mit Blaukraut.

Ich griff nach meinem Taschentuch.

Falls ich kotzen musste, ich war nah dran.

Meine Knie wurden weich.

Ein Schleier legte sich vor meine Augen. Gott, der Vorhang geht runter.

Draußen ein Martinshorn.

Noch eines.

Polizei!

Notarzt!

Notarzt? Notarzt! Doch nicht etwa …

Ich riss den Vorhang vor den Augen weg.

Nur eines musste ich noch machen, das letzte Sinnvolle in meinem sinnlosen Leben.

Ich wankte so schnell ich konnte hinaus, warf die Kirchentür hinter mir zu.

Über die Gräber kam die Notärztin im Laufschritt.

»Dr. Graf«, schrie ich, »warten Sie!«

»Sie … schon wieder … weg … aus dem Weg!«

Sie wollte mich zur Seite schieben. Zwei Sanitäter trabten hinter ihr her.

Ich versperrte ihr den Weg.

»Dr. Graf … nein … Gehen S' nicht … Ich verbiete es Ihnen!«

Zorniger Blick, entschlossener Schritt.

»Ich flehe Sie an …«

»Weg!«, sagte sie. »Aus dem Weg!«

Ich nahm meine letzte Kraft zusammen. Ich packte sie mit der linken Hand an ihrem weißen Arztkittelkragen.

Sie war so verblüfft, dass sie einen Augenblick erstarrte.

In diesem Augenblick holte ich aus und verpasste ihr eine rechte Gerade genau auf ihr hübsches Kinn.

Ihre Fielmann-Brille fiel in weitem Bogen in den Kiesel zwischen den Gräbern. Sie schaute wie die Jungfrau Maria zum Himmel und knickte ein.

Ein Sanitäter fing sie auf.

Selig sind, die nicht sehen …
Ein anderer Sani kam auf mich zu.

Das Letzte, was ich spürte, war ein erlösender Schlag. Er tat nicht weh. Im Gegenteil. Er nahm allen Schmerz von mir und breitete eine barmherzige Decke von schwarzer Finsternis über mich.

Zum Teufel!

Die barmherzige Decke der Finsternis entzog sich mir.
Ich wollte nicht aufwachen, ich wollte nicht zu mir kommen.
Da war ich schon viel zu lange gewesen. Bei mir. Weg von mir
wollte ich. Weg von allem. Aber ich kam wieder zu mir. Langsam.
Ich lag.
Auf einer Art Feldbett. Pritsche. Schon lange nicht mehr auf
so was gelegen. Seit meiner Jugendzeit nicht mehr. Zeltlager.
Graue Betonwände.
Stahlwaschbecken.
Kübel.
Tür mit Fenster. Gitter.
Ich setzte mich auf. In meinem Kopf rutschten Geröllhalden
hin und her. Ich war doch nicht besoffen gewesen!
Nein. Ein Sanitäter hatte mir eine populäre Vollnarkose ver-
passt. Kinnhaken.
Wo war ich?
Im Krankenhaus.
Aber das Klinikum Kempten hatte ich in anderer Erinnerung.
Weiße Wände.
Weiche Betten.
Abgetrennte Toiletten.
Freie Fenster.
Schritte kamen näher.
Das vergitterte Fensterchen in der Tür ging auf, ging wieder
zu.
Schlüssel drehten sich in Schlössern.
Die Tür ging auf.
Im Türrahmen stand ein uniformierter Polizist.
»Bär.«
Das war ich.
Ich. In der Schule.
»Sie, Bär!«
Nicht: »Du, Emil«, nicht »Sie, Herr Bär«, sondern: »Bär!«

Bär! Setzen. Sechs.

Der Polizist sagte:

»Bär! Aufstehen! Sie können gehen. Die Frau Dr. Graf hat die Anzeige der schweren Körperverletzung zurückgenommen. Sie sagt, es war ein Irrtum.«

Ich sagte:

»Nein, war es nicht. Es *war* schwere Körperverletzung. Vorsätzlich. Ich wollte das so! Ich wollte nicht, dass sie ...«

Er: »Mir wurscht. Sie können gehen.«

Ich rührte mich nicht.

Er sagte: »Jetzt!«

Ich rührte mich nicht.

Er sagte: »Gehen!«

Ich fragte: »Wohin?«

Er sagte: »Von mir aus zum Teufel!«

Ich schleppte mich hinaus. Es goss in Strömen.

Zum Teufel.

Und wenn die Welt voll Teufel wär ... Luthers »Ein feste Burg ist unser Gott«. Vers drei.

Luther. Er hatte noch Zweifel.

Ich nicht mehr.

Die Welt *war* voll Teufel.

Mindestens einen kannte ich persönlich.

Mich.

Ich wollte zurück in meine Zelle.

Jetzt. Für immer.

Die Tür vom Polizeipräsidium Kempten fiel hinter mir zu.

Paradise closed. Milton.

Draußen wurde ich von strömendem Regen empfangen.

... der aus dem Himmel mit Strömen der Liebe geregnet. Vierte Strophe von »Lobet den Herren«. Evangelisches Kirchengesangbuch 317.

Ich sagte in den Regen hinein:

»Kruzifix!«

Ein Auto raste vorbei. Mitten durch eine Wasserlache. Spritzte mich voll.

»Du Drecksau!«, schrie ich ihm nach. »Du elendige!«

Oh, war das gut. Einen Schrei tun.

Die Bremslichter der Drecksau leuchteten auf.

Kurzes Herzstolpern.

Hat der mich gehört? Steigt er gleich aus und lässt mich zusammenfallen? Ein Kerl wie ein Kleiderschrank mit Glatze und Springerstiefeln?

Die Bremslichter gehörten einem schwarzen Audi.

Rückwärtsgang, er kam auf meine Höhe. Das Fahrerfenster ging runter.

Eine junge blonde Frau sagte:

»'tschuldigung, tut mir leid!«

»Dr. Graf?!«

Ich tropfte.

»Sie, Dr. Bär?! Ach, das tut mir leid …«

Ich dachte:

Da hab ich jetzt auch nichts davon, von deinem Leid.

Sagte:

»Das kann jedem passieren!«

»Komm, steigen S' ein, ich fahr Sie …«

Ich stieg ein.

Dr. Graf hatte hinter ihrer Fielmann-Brille verheulte Augen. Kein Wunder.

Sie drehte den Zündschlüssel um.

Stille.

Sie sagte:

»Tut mir echt leid!«

Ich sagte:

»Eine Taufe schadet mir nicht. Im Gegenteil.«

»Ich meine, wegen dem Gefängnis …«

»Dass Sie mich rausgeholt haben, die Anzeige zurückgezogen … Ja, das hätt's nicht gebraucht! Ich wär lieber drin geblieben.«

Tränen liefen ihr über die Wangen.

»Dankschön, dass Sie mich ausgeknockt haben auf dem Friedhof vor der Kirche … Ich hab's erst hinterher begriffen …«

»Keine Ursache, gern geschehen.«

Wir schwiegen.

Ich fragte:

»Wann ist denn die Beerdigung?«

»Nächste Woche. Montag.«

»Wo?«

»In Tal.«

»In Tal?«

»Ja, in Tal. Er war gern dort … weil Sie …«

Sie schluchzte.

»… weil Sie … Sie waren sein einziger Freund … besonders, wo es ihm so schlecht ging … im letzten Jahr … mit seiner Depression.«

Ja, ja. Depression. Schulddepression.

Sagte ich nicht.

Hatte ich selbst.

Ich hätt ihn retten können.

Vielleicht …

Schweigen.

Ich sagte:

»Schad, dass er nicht mehr erleben hat können, wie er Opa wird.«

Sie weinte.

Mit ihrem Fünfmonatsbauch.

Sie wollte was sagen, brachte aber nichts raus.

Wurde von Tränen erstickt.

Sie schluchzte:

»Wenn das Kind da ist …«

»Ja?«

»Täten Sie es … taufen?«

Wenn ich nicht gesessen wäre, wäre ich jetzt umgefallen. Sagte:

»Mir verschlagt's die Sprach … Warum grad ich?«

»Weil mein Vater nicht mehr ist, und Sie … waren sein einziger Freund … Vertrauter … wie ein Bruder, hat er gesagt.«

Ich sagte: »Ich brauch Bedenkzeit.«

»Danke.«

Sie drehte den Zündschlüssel wieder um. »Wo kann ich Sie denn hinfahren?«

»Zur Illerbrücke.«

»Was machen S' denn da?«

»Runterspringen.«

»Nein!«

»Keine Angst. Kleiner Scherz.«

»Sie und Ihre Scherze!«

Sie ließ mich da raus, wo ich hatte hinwollen: zur Illerbrücke.

Um zu tun, was ich vorhatte: runterspringen.

»Bis Montag dann.«

»Bis Montag.«

Der schwarze Audi rollte davon.

Ich stand auf der Brücke.

Die Idee mit der Taufe hatte mich umgeworfen. Ich sollte die Taufe des Enkels von Rössle machen. Ausgerechnet ich.

Gut, dass keiner da war. Und es regnete.

Dann sah keiner, wie ich heulte.

Auf Teufel komm raus.

Ich hatte auch einen Freund verloren. Meinen einzigen.

Und Bruder. Den ich nie hatte …

Ich schaute, wo ich springen musste. Damit ich nicht ins Wasser fiel.

Sondern auf den Beton. Dann ins Wasser.

Erst auf den Betonvorsprung prallen. Dann ins Wasser rutschen.

Sicher ist sicher.

Ich musste den Teufel in mir umbringen. Zerschmettern. Ersäufen.

Andererseits … vielleicht erst nach der Taufe.

Eine geschlagene Stunde hielt ich mich am Brückengeländer fest.

Grübelte im Regen.

Soll ich, soll ich nicht?

Von der Illerbrücke oder besser vom Adenauerring?

Verdammt, ich hatte mich noch nie entscheiden können.

Story of my life.

Bis auf die Haut durchnässt schleppte ich mich weiter.

Zur andern Brücke.

In meiner Magengegend spürte ich etwas.

Was ich schon lange nicht mehr gespürt hatte.
Hunger.
Hunger!
Was soll der Hunger da?!
Wozu brauch ich einen Hunger, wenn ich tot bin?
Der Hunger machte sich breiter.
Wie ein Baby, das schnell wächst.
Ich langte mir an den Bauch.
Nein, ich war nicht schwanger.
Ich war hungrig.
Kommt aufs Gleiche raus.
Wahrscheinlich war ich auch verrückt.
Sicher.
In den grauen Regen hinein sagte ich:
»Kruzifix ... Halleluja!«